나의
나라에서
하나님
나라로

나의 나라에서
하나님 나라로

지은이 | 이재훈
초판 발행 | 2018. 12. 12

등록번호 | 제1988-000080호
등록된 곳 | 서울특별시 용산구 서빙고로65길 38
발행처 | 사단법인 두란노서원
영업부 | 2078-3352   FAX | 080-749-3705
출판부 | 2078-3331

책값은 뒤표지에 있습니다.
ISBN 978-89-531-3314-3 03230   Printed in Korea

독자의 의견을 기다립니다.
tpress@duranno.com   www.duranno.com

• 이 책에 사용된 성경은 우리말성경에서 인용하였습니다.

두란노서원은 바울 사도가 3차 전도여행 때 에베소에서 성령 받은 제자들을 따로 세워 하나님의 말씀으로 양육하던 장소입니다. 사도행전 19장 8-20절의 정신에 따라 첫째 목회자를 돕는 사역과 평신도를 훈련시키는 사역, 둘째 세계 선교(TIM)와 문서선교(단행본 · 잡지) 사역, 셋째 예수문화 및 경배와 찬양 사역, 그리고 가정 · 상담 사역 등을 감당하고 있습니다. 1980년 12월 22일에 창립된 두란노서원은 주님 오실 때까지 이 사역들을 계속할 것입니다.

나의
나라에서

하나님
나라로

이재훈 지음

두란노

목차

서문

하나님 나라의
카운트다운

우리는 역사가 어디로 흘러가고 있는가를 잊어버린 채 살고 있습니다. 성경이 우리에게 가르쳐 주는 역사의 미래는 결코 밝지 않습니다. 과학의 발전이 유토피아를 가져오는 것이 아니기 때문입니다. '유토피아'(Utopia)란 무엇입니까? 이는 헬라어로 '후토포스', 직역하면 '그런 곳은 없다'는 뜻입니다. 지금껏 역사는 '그런 곳은 없다'는 곳을 동경하면서 흘러왔고, 또한 흘러가고 있습니다. 그러나 하나님의 말씀은 우리에게 역사의 종말이 다가오고 있다고 말씀합니다. 역사의 마지막을 향해 가고 있다는 것입니다.

예수님은 복음서에서 다가올 역사의 미래, 그 마지막에 대해 여러 차례 말씀하셨습니다. "곳곳에서 기근과 지진이 생길 것이다"(마 24:7). 예수님 당시만 해도 지진의 빈도가 그다지 높지 않았습니다. 그런데 지진에 대한 지식이 깊지 않았던 그런 시대에 예수님이 지진을 강조하고 계십니다. 통계를 보면, 지난 10년 동안 발생한 지진의 빈도수가 과거 100년 동안 발생한 지진의 빈도수보다 훨씬 높습니다. 예수님은 또한 말씀하십니다. "너희가 전쟁의 소식과 소문을 듣게 될 것이다"(마 24:6). 수없이 많은 곳에서 전쟁이 일어나고 있습니다. 뿐만 아니라 테러까지 끊이지 않고 있습니다. 사람의 생명을 조금도 귀하게 여기지 않는 그런 시대를 우리는 살아가고 있습니다.

역사의 미래는 결코 밝지 않습니다. 우리는 마지막 때를 향해 가고 있습니다. 그리스도인이란 유일하게 올바른 역사의식을 가진 사람이라고 할 수 있습니다. 역사의 시작과 끝을 알아야만 올바른 역사의식을 가질 수 있기 때문입니다.

역사의 마지막을 향한 카운트다운(countdown)이 진행되고 있습니다. 이는 언제부터 시작됐다고 말할 수 있을까요? 그것은 예수님이 이 세상에 오셨을 때부터입니다. 왜 그럴까요? 예수님이 공생애를 시작하면서 제일 처음 말씀하신 내용을 보면 알 수 있습니다.

"회개하라. 하늘나라가 가까이 왔다"(마 3:2).

예수님은 '회개하라'와 '하늘나라가 가까이 왔다'는 두 가지를 말씀하셨습니다. 이 중 하늘나라, 곧 '하나님 나라가 가까이 왔다'를 직역하면 '하나님 나라가 세상 속으로 뚫고 들어왔다'입니다. 하나님 나라가 이 역사 속으로 뚫고 들어왔다는 것은 이 역사가 하나님 나라 밖에 있음을 전제합니다. 온 세상은 하나님의 손 안에, 하나님의 주권 아래 있습니다. 그런데 온 세상이 하나님의 통치에 굴복하고 순종하는 것은 아닙니다. 하나님의 주권을 거역하는 세력들이 있습니다. 하나님의 통치를 거역하는 존재는 사람입니다. 그리고 타락한 천사들인 사탄입니다. 이들은 자유의지를 부여받았습니다. 하나님의 형상대로 지음 받아 스스로 판단하고 결정할 수 있는 능력을 부여받았다는 것입니다. 그런데 이들은 그 자유의지를 가지고 하나님의 통치를 거부하고 있습니다. 그렇다면 '하늘 나라가 가까이 왔다'는 예수님의 말씀은 '하나님 나라가 세상 속으로 뚫고 들어왔다'는 의미인 것입니다.

사람들은 하나님이 자신의 삶을 지배하시는 것을 원치 않습니다. 하나님의 통치 아래 있으면 부르심에 순종해서 자신이 원하지 않는 곳으로 가야 할 것을 알기 때문입니다. 스스로 결정하고 살아가던 인생에서 하나님의 뜻과 결정대로 살아가는 인생으로 변화된다는 것을 너무나 잘 알기 때문입니다. 왜 기도하지 않을까요? 기도하는 순간 하나님이 말씀하신다는 것을 알기 때문입니다. 왜 말씀을 읽지 않을까요? 말씀을 읽는 순간 자신이 하나님의 지배를 받게 된다는 것을 잘 알기 때문입니다. 왜 바쁘게 살아갈까요? 조용하고 잠잠히 하나님의 음성을 기다리면 하나님이 생생하게 말씀하신다는 것을 알기 때문입니다. 그래서 일부러 바쁘고 분주하게 살아가는 것입니다. 우리는 이렇게 스스로 하나님의 다스리심을 거부하는 본성에 이끌려 살아가고 있습니다. 그런데 이런 우리 가운데 예수님이 오셨습니다. 하나님 나라가 임했습니다.

C. S. 루이스(C. S. Lewis)의《순전한 기독교》(홍성사 역간)에는 '하나님의 침공'이라는 소제목이 달린 내용이 있습니다. 그는 그곳에서 예수님을 '반역한 무리들이 점령하고 있는 곳에 다시금 하나님의 통치, 왕이신 하나님의 통치를 회복시키기 위해서 이 땅에 쳐들어오신 사령관'으로 묘사했습니다. 문학가다운 표현이지만 사실은 너무나도 성경적인 역사관에 기초한 설명입니다. 예수님이, 하나님 나라가 이 땅에 임했다는 것은 하나님의 다스림과 통치를 거부하고 반역하는 이 세상에, 이 반역자의 무리 속에 예수님이 다시 들어오셨다는 것입니다.

세상은 하나님을 거부합니다. 아담과 하와가 하나님의 다스리심을 거부했을 때부터 아담 안에서 태어난 사람들은 모두 하나님을 본성상 거부하고 인정하지 않는 하나님 나라 밖에서 태어난 인생이 되었습니다. 에덴동산 밖으로 쫓겨난 그들에게는 돌이켜 회개하는 것만이 하나님 나라 안으로 들어올 수 있는 길이었습니다. 그런데 아담과 하와는 회개하지 않았습니다. 이로 인해 아담 안에서 태어난 모든 사람들은 하나님 나라 밖에서 태어나게 되었습니다.

인류의 역사는 하나님 나라 밖에서 태어난, 하나님의 통치

밖에 있는 영혼들을 하나님이 찾아오시고 그들을 하나님 나라 안으로 다시 이끌어 들이시는 하나님의 역사입니다. 또다시 C. S. 루이스를 인용하면, 그의 자전적인 고백이 담긴《예기치 못한 기쁨》(홍성사 역간)이라는 책이 있습니다. 그는 그 책에서 하나님이 자신을 어떻게 찾아오셨는가를 세 단계로 설명합니다.

그는 문학가답게 이런 비유를 듭니다. 첫째, 하나님은 자신을 마치 낚시꾼과 같이 찾아오셨다고 합니다. 둘째, 하나님은 자신을 마치 쥐를 잡는 고양이와 같이 추적하셨다고 합니다. 그리고 셋째, 하나님은 자신을 마치 사냥개 무리와 같이 추적해 오셨다고 고백합니다. 사냥개 한 마리가 아니라 사냥개 무리입니다. 하나님은 사냥개 무리처럼 우리 한 영혼, 한 영혼을 추적하셔서 하나님 나라 밖에 있는 영혼들을 하나님 나라 안으로 들어오게 하신다는 것입니다. 하나님은 왜 낚시꾼처럼, 고양이처럼, 사냥개 무리처럼 우리를 포기하지 않고 집요하게 추적하십니까? 하나님 나라 밖에 머물러 있으면 어떻게 될지를 아시기 때문입니다. 하나님 나라 밖에 있다가 역사의 미래를 만나면, 하나님 나라 밖에 있다가 역사의 마지막 끝에 서게 되면 심판 가운데 처하게 될 것을 아시기 때문입니다. 하나님은 심판을 즐기는 분이 아니십니다. 하나님은 자비로운 분이십니다.

세상은 온 인류 가운데 임한 하나님의 진노와 심판 가운데 있습니다. 그것이 역사의 현실입니다. 그리고 그 역사 가운데 하나님의 자비와 긍휼이 임하지 않으면 이는 심판으로 끝나는 역사입니다. 그런데 예수님이 오셔서 하나님 나라가 임했습니다. 이는 회개할 수 있는 길이 열렸다는 것입니다. 회개하고 돌아오면 하나님 나라 안으로 들어올 수 있다는 것입니다. 스스로 돌이키는 것이 아닙니다. 하나님 나라에 들어올 수 있는 자격은 믿음으로 주어지는 것입니다. 그 사람들이 바로 하나님 나라의 백성으로 다시 들어오게 된다는 것입니다.

간혹 우리가 믿는 구원에 대해, 하나님이 예수 믿는 사람들은 구원하시고 예수 믿지 않는 사람들은 괘씸해서 심판하신다고 생각하는 경우가 있는데 이는 잘못된 것입니다. 복음을 잘못 깨달은 것입니다. 우리는 모두 하나님의 진노와 심판 가운데 처해 있습니다. 역사상 아담 안에 태어난 사람은 누구도 예외 없이 다 하나님의 진노와 심판 가운데 처해 있습니다. 그런데 하나님은 구원의 길을 주셨습니다. 자신이 하나님의 진노와 심판에 처한 존재임을 깨닫고 회개하면, "하나님 나라가 가까이 왔다"는 말씀을 받아들이고 돌이켜 회개하여 예수님을 믿고 의지하면 하나님이 구원하신다는 것입니다. 괜찮은 사람인데 예수 믿고 더 괜찮은 사람이 되는 게 아닙니다. 멸망 받아 마땅한 이들을 구원하시는 것입니다. 예수 그리스도를 믿음으로 말미암아 의롭게 되고, 그리스도로 인해, 그리스도와 함께 그리고 그리스도 안에서 하나님 나라의 백성이 된다는 것입니다. 그 이유가 무엇입니까? 진노 가운데 처해 있는 이 역사 속에 구원의 길을 허락하신 하나님의 자비하심, 독생자 예수 그리스도가 이 세상에 오셔서 사람이 되심으로, 십자가를 지기까지 낮아지시고 우리를 대신해서 죽으심으로 우리에게 구원의 길을 허락하신 그 하나님의 자비하심이 우리에게 있기 때문입니다. 카운트다운이 주어진 이 마지막 시대에 하나님은 지금도 끊임없이 하나님의 자비와 긍휼의 구원을 베풀고 계십니다.

하나님 나라가 왔지만 그 나라는 마치 씨앗이 심겨진 것처럼 숨겨진 상태였습니다. 사람들에게 알려져 있지 않았습니다. 눈에 보이지 않는 숨겨진 나라였습니다. 하지만 심겨진 씨앗이 점점 자라서 큰 열매를 맺듯이, 하나님 나라는 계속해서 자라고 있습니다. 그렇다면 씨를 심고 추수하는 과정이 있는 것처럼 마지막 추수 때까지의 시간을, 이 과정을 허락하시는 이유는 무엇입니까? 자비와 긍휼을 베푸시기 위함입니다. 구원을 허락하시기 위함입니다.

하나님은 예수님의 첫 번째 이 땅에 오심으로 세상을 끝내기를 원치 않으셨습니다. 자비와 긍휼을 베풀어 구원하기를 원하셨습니다. 그래서 예수님이 이 땅에 오셔서 우리의 구원의 길을 열어 주시고, 그 구원을 얻을 수 있는 기간을 허락하시고 다시 오신다고 하신 것입니다. 그래서 "보십시오. 지금은 은혜 받을 만한 때요, 지금은 구원의 날입니다"(고후 6:2)라고 말씀하신 것입니다. 그 기간 속에서 우리는 구원을 얻었습니다. 그 기간 속에서 우리는 하나님의 자비하심을 얻었습니다. 우리는 돌고 도는 역사 속에서 우연히 한국이라는 나라에 태어나 그냥 교회에 다니게 된 것이 아닙니다. 하나님이 당신의 역사 속에서, 당신의 자비와 긍휼로 예수 그리스도 안에서 우리를 구원하셔서 우리를 그 하나님의 심판에서 건져 내신 것입니다.

　예수님이 이 땅에 오심으로 하나님 나라의 카운트다운이 시작됐습니다. 예수님은 승천하시며 다시 오실 것을 말씀하셨습니다. 하루를 천 년 같고 천 년을 하루같이 참고 인내하시는 하나님은 지금도 기다리며 인내하고 계시지만, 역사의 카운트다운은 계속되고 있습니다. 우리는 흘러가는 역사 속에서 무감각하게 따라 흘러가는 인생이 아니라, 역사에 임한 하나님 나라에 한 영혼이라도 더 들어오기를 기도하며 헌신하는 하나님 나라의 일꾼으로 헌신해야 할 것입니다.

2018년 12월

이재훈

"요한이 감옥에 갇힌 뒤 예수께서는 갈릴리로 가셔서 하나님의 복음을 선포하셨습니다. '때가 찼고 하나님 나라가 가까이 왔으니 회개하고 복음을 믿으라'"(막 1:14-15).

1.
회개와 하나님 나라

회개는 우리 과거의 죄 된 삶을 슬퍼하고 고백하며
그것을 끊어 내는 것입니다.

공생애를 시작하신 예수님의 첫 번째 메시지는 하나님 나라에 대한
것이었습니다.

> "요한이 감옥에 갇힌 뒤 예수께서는 갈릴리로 가서서 하나님의 복음을 선
> 포하셨습니다. '때가 찼고 하나님 나라가 가까이 왔으니 회개하고 복음을
> 믿으라'"(막 1:14-15).

세례 요한이 감옥에 갇힌 것은 예수님의 사역에 새로운 신호와도
같았습니다. 구약 시대가 끝나고 새로운 시대가 왔음을 알려 주는
신호탄과 같았습니다. 그때부터 예수님은 하나님 나라의 복음을 선

포하기 시작하셨습니다. 그 내용은 하나님 나라가 가까이 왔으니 회개하고 복음을 믿으라는 말씀이었습니다.

하나님 나라에 대해서는 어떤 설명도 하지 않으시고 그냥 하나님 나라가 가까이 왔다고만 말씀하신 것이 우리에게는 낯설게 느껴집니다. 그러나 당시 유대인들에게는 전혀 낯설지 않았을 것입니다. 그들에게는 이미 친숙한 용어이기 때문입니다. 요한복음 3장에서 예수님과 니고데모와의 대화를 생각해 보십시오. 예수님은 니고데모에게 거듭나지 않으면 하나님 나라에 들어갈 수 없다고 말씀하셨습니다. 이는 그가 하나님 나라에 대해서 가르치는 선생이었기 때문입니다.

유대인들은 혈통적인 아브라함의 후손으로 태어나면 이미 하나님 나라의 백성이라 여겼습니다. 또한 율법적인 절차 개종을 통해서 하나님 나라의 백성이 될 수 있다고 믿고 가르쳤습니다. 그러나 예수님은 그들의 하나님 나라의 세계관, 하나님 나라의 신학을 무너뜨리셨습니다. 혈통이나 어떤 종교적인 절차의 준수 또는 개종을 통해서 하나님 나라의 백성이 되는 것이 아니라, 다시 태어나는, 다시 말해서 하나님의 생명이 우리 인간의 영혼 속에 임하는 거듭남의 출생을 통해 하나님 나라의 백성이 되는 것이라는 충격적인 말씀을 하셨습니다.

예수님은 하나의 새로운 종교를 창시하기 위해서가 아닌, 이미 오래전에 역사 속에서 예언되고 약속된 것을 성취하기 위해서 세상에 오셨습니다. 그래서 예수님은 하나님이 역사 속에서 약속하고 미리 보여 주신 그 하나님 나라가 왔다고 말씀하신 것입니다. 본문은 '하나님 나라가 가까이 왔다'라고 했지만, 직역하면 사실 '하나님 나라가 왔다'입니다. 예수님은 우리가 하나님 나라에 들어간다고 말씀하시기 전에 먼저 하나님 나라가 우리에게 왔다고 말씀하셨습니다. 여기에는 매우 중요한 차이가 있습니다.

우리는 흔히 복음을 전할 때 이렇게 설명하기 쉽습니다. "회개하고 예수님 믿고 천국 가십시오." 이것이 틀린 말은 아니지만, 예수님이 말씀하신 순서와는 차이가 있습니다. 예수님은 뭐라고 말씀하셨습니까? "하나님 나라가 가까이 왔으니 회개하고 복음을 믿으라!" 이 순서는 매우 중요한 차이점을 가져다줍니다. 하나님 나라가 어딘가에 있는데 우리가 회개하고 믿고 노력해서 그 나라를 찾아 들어가는 것이 아니라, 하나님 나라가 우리에게 왔기 때문에 우리가 회개할 수 있고, 믿음으로 그 나라에 들어갈 수 있게 되었다는 것입니다. 이는 매우 중요한 시각의 차이입니다.

오직 은혜로

하나님 나라는 인간의 노력으로 성취해서 들어가는 곳이 아닙니다. 인간의 우열에 따라, 종교적 열심에 따라 누군가는 찾고 누군가는 찾지 못하는 문제가 아니라는 것입니다. 하나님 나라가 임하는 은혜가 없으면 우리의 회개와 믿음은 아무 소용이 없습니다. 우리의 회개와 믿음보다 앞서는 것이 하나님 나라의 임재입니다. 누가복음 15장에서 예수님이 말씀하신 비유가 우리에게 그것을 너무나도 잘 설명하고 있습니다.

집을 나가 방황하던 둘째 아들이 회개하고 집으로 돌아왔습니다. 그러나 만일 아버지가 문을 닫고 있었다면 그의 돌이키는 회개는 아무 의미가 없었을 것입니다. 그의 회개가 의미 있는 것은 아버지가 그를 용서하고 날마다 문을 열고 기다렸기 때문입니다. 아버지의 나라가 열려 있었기 때문입니다. 그 은혜로 인해 둘째 아들의 돌이켜 회개하는 것이 의미를 얻게 된 것입니다. 스스로 각성하고 자신의 잘못을 깨달은 후 돌이켜 찾아지는 하나님 나라가 아닙니다. 하나님 나라의 도래가 있기 때문에 돌이켜야 되는 것입니다. 그리고 믿음으로 그 나라에 들어갈 수 있게 된 것입니다.

하나님 나라는 인간에게서 나오는 어떤 이념과 제도로써 이루어지는 것이 아닙니다. 인간의 회개와 믿음조차도 하나님 나라를 만들어 낼 수는 없습니다. 하나님 나라가 왔기 때문에, 하나님 나라가 우리에게 임했기 때문에 우리의 회개와 믿음이 의미 있는 것입니다. 그래서 '오직 믿음'보다 더 먼저 나오는 것이 '오직 은혜'입니다. 은혜로부터 믿음이 가능하게 되고, 은혜로부터 회개가 가능하게 되는 것입니다.

'하나님 나라 운동'이라는 말을 들은 적이 있습니다. 그것이 만약 인간의 행위로 하나님 나라를 만들어 갈 수 있다는 신념 속에서 나온 말이라면, 그것은 하나님 나라를 가장한 인본주의 사회 운동일 뿐입니다. 하나님 나라는 인간이 만들 수 있는 게 아닙니다. 하나님 나라는 하나님이 만드시는 것입니다. 인간은 하나님의 일하시는 통로와 도구로 사용될 뿐, 우리의 결의, 우리의 제도, 우리의 이념, 우리의 어떤 행동으로 하나님 나라를 만들어 드리는 게 아닙니다.

우리가 할 수 있는 것은 단 하나입니다. 역사 속에 임한 하나님 나라 앞에서 우리가 하나님 편에 서느냐 아니면 하나님을 대항하는 편에 서느냐, 또한 우리의 자세를 회개하고 돌이키느냐 아니면 그대로 서 있느냐, 그 입장을 결정하는 것뿐입니다. '하나님 나라가 왔다'는 것은 구체적으로 '하나님 나라가 역사 속으로, 세상 속으로 뚫고 들어왔다'는 뜻이라는 것을 이 책 서두에서 살폈습니다. 하나님 나라가 세상 속에 들어왔다면, 뚫고 들어왔다면 이 세상이 하나님 나라 밖에 있었다는 것입니다. 하지만 세상이 하나님 나라 밖에 있다고 해서 하나님의 주권이 세상에 미치지 못한다는 뜻은 아닙니다.

우리는 여기서 하나님의 주권과 하나님 나라를 구분해서 살펴볼 필요가 있습니다. 사탄과 악한 영들, 하나님을 인정하지 않는 세상 그리고 지옥은 하나님의 절대 주권 아래 있습니다. 그러나 사탄과 지옥을 하나님 나라, 하나님 나라의 백성이라고 말하지는 않습니다. 왜 그렇습니까? 그들은 하나님의 통치를 거부한 세력이기 때문입니다.

마찬가지로, 온 세상은 하나님의 주권 아래 있지만 하나님의 주권과 통치를 받아들이는 영역만을 하나님 나라라고 부를 수 있습니다.

에덴동산 밖에서 태어난 수많은 인간들은 하나님의 주권 아래 있지만, 그들은 하나님의 다스리심을 거부한 아담과 하와의 후예로서 원죄를 가지고 태어났습니다. 태어날 때부터 하나님을 거부하는 존재로 태어난 것입니다. 무슨 말입니까? 모든 인류는 하나님의 주권 아래 있지만, 하나님 나라 밖에서 하나님 나라의 백성이 아닌 자로 태어난다는 것입니다. 그래서 에덴동산 밖에서 태어난 모든 인간은 죄인이며 회개해야 합니다. 아무리 도덕적으로 선하고 의롭고 지식 있고 문명의 삶을 살아도, 에덴동산 밖에서 태어난 모든 인간은 회개가 필요한 존재입니다.

회개, 깨닫고 돌이켜 떠나기를 결단함

부처는 모든 고난이 마음의 욕심 때문에 오는 것이라 말했지만, 아닙니다. 모든 고난은 하나님 나라를 떠났기 때문에 오는 것입니다. 성경은 그것을 가리켜 죽음이라고 말합니다. 영원히 살지 못하는 인간의 한계, 지혜의 부족함, 건강의 결핍, 관계의 아픔 등 모든 것들이 다 하나님 나라 밖에 있기 때문에 생겨나는 것입니다. 이렇게 에덴동산 밖으로 쫓겨나 하나님 나라 밖에 있는 인간들을 하나님은 어떻게 대하십니까? 내버려 두지 않으십니다. 그들을 찾으시고, 추적하시고, 쫓아오시며, 그들을 하나님 나라 안으로 다시 들어오게 하십니다. 이것이 하나님의 목적이며, 성경 역사가 그것을 보여 줍니다.

하나님은 인간을 찾으십니다. 인간을 찾아오는 하나님이십니다. 그래서 예수 그리스도가 오신 것입니다. 이는 인간을 버리지 않으셨다는 것입니다. 예수님은 하나님 나라 안으로 들어올 수 있는 길을 열어 주셨습니다. 예수 그리스도의 십자가를 통해 우리는 그 나라로 다시 들어갈 수 있게 되었습니다. 그리스도의 십자가 앞에서 회개할 수 있게 된 것입니다. 그리스도의 십자가 앞에 나타난 하나님의 사랑과 공의를 통해 드러나는 자신의 죄와 허물과 연약함을 보고 그 절대적인 기준 앞에서 자신을 돌이키게 되는 것입니다.

스스로 세운 기준에 비추어 '내가 잘못했구나', '내가 문제 있구나'라고 생각해서 돌이키는 것은 진정한 회개가 아닙니다. 그리스도의 십자가가 있어야 할 만큼 우리가 처참한 죄인이라는 것, 하나님의 아들이 비참히 죽임당해야 할 만큼 우리의 죄가 심각하다는 것을 깨달아 하나님의 공의로운 기준 앞에서 돌이키는 것이 진정한 회개입니다. 그리스도가 세상에 오심으로 우리가 하나님 나라에 다시 들어갈 수 있는 관계 회복의 길이 열렸습니다. 아담과 하와가 에덴동산에서 쫓겨난 이유가 무엇입니까? 그들은 죄를 범한 후에 회개하지 않았습니다. 돌이키지 않았습니다. 그들은 변명하고 부인하고 책임을 전가하며 자신의 죄를 인정하지 않았습니다. 그래서 에덴동산에서 쫓겨난 것입니다.

쫓겨난 인간들은 스스로 하나님을 찾아 회개하며 돌이킬 수 있는 능력조차 없는 상태가 되어 버렸습니다. 하나님이 은혜로 찾아와 주시지 않으면, 하나님이 사랑으로 다가와 주시지 않으면 스스로 하나님 앞에 나아갈 수 없는 존재가 되어 버린 것입니다. 하나님을 알 수도, 하나님을 찾을 수도 없는 존재가 되어 버린 것입니다. 하나님은 세상을 사랑하셨고, 지금도 사랑하십니다. 하나님은 하나님 나라를 떠나 자기의 왕국을 만들고 스스로 살아 보려 한 인간들을 버리거나 포기하지 않으시고 다시 하나님 나라로 초청하십니다.

아들이신 예수 그리스도가 우리를 하나님 나라로 회복하시기 위해 찾아오셨습니다. 예수님이 "하나님 나라가 가까이 왔으니 회개하고 복음을 믿으라"고 말씀하시는 이유가 여기 있는 것입니다. 하나님 나라의 임재 앞에서 우리가 나타내야 할 반응은 바로 회개입니다. 회개는 우리 과거의 죄 된 삶을 슬퍼하고 고백하며 그것을 끊어내는 것입니다. 억울하지만 어쩔 수 없이, 벌 받지 않기 위해서 고백하는 것이 아니라, 우리에게 임한 그 하나님 나라에 들어가기 위해 나의 나라를 내려놓고 하나님 나라를 선택하는 것입니다. 하나님을 배역했던 삶을 포기하고 하나님에게 순종하는 삶으로 기꺼이 들어가겠다고 선택하는 것입니다.

하나님 나라의 영광을 회복하라

우리는 영광스러운 하나님 나라의 백성이 되는 목적으로 창조되었습니다. 우리는 현재의 모습보다 더 나은, 더 높은 존재로 창조되었지만 그 영광을 잃어버렸습니다. 죄로 인해 우리는 더 낮고 수치스러운 삶을 살면서도 그 안에 안주하고 있습니다. 하나님과 교통할 수 있는 초월적인 존재임에도 불구하고 지극히 물리적인 존재, 물질적인 존재로 살아가는 것에 만족하고 있습니다. 자연을 통치하는 존재로 창조됐음에도 불구하고 자연에 지배받는 존재로 살고 있는 것입니다.

인간의 마음속에는 영광에 대한 굶주림, 영광에 대한 목마름이 있습니다. 왜 올림픽 경기에서 그렇게 애쓰고 노력합니까? 영광을 추구하기 때문입니다. 그러나 가장 중요한 것은 하나님의 영광입니다. 우리는 하나님처럼, 하나님만큼이나 영광스러운 존재로 살도록 창조되었습니다. 그렇기에 영광에 대한 굶주림과 목마름을 해결하기 위해서는 우리가 다시 하나님의 영광스러운 존재로 회복되어야 합니다. 다시금 하나님의 영광을 누리고 그 영광의 일부가 되어 그 영광을 반사하며 살아가야 합니다.

사탄은 우리를 끊임없이 속입니다. 우리는 원래 하나님의 형상대로 창조되었는데, 사탄은 하나님의 명령을 어겨야, 하나님 없이 살아야 스스로 하나님이 될 수 있다고 속입니다. 우리는 자율(自律)이라는 단어에 너무나도 자주 속아 넘어갑니다. 물론 자율은 소중합니다. 무언가를 자기 의지로, 자기 스스로 결정할 수 있다는 것이야말로 인간의 인간됨을 나타내는 특성입니다. 그러나 그것이 진정한 자율이 되기 위해서는 신율(神律), 곧 하나님의 다스리심 속에 있어야 합니다. 하나님의 다스리심이 없는 자율은 인생을 자신의 삶의 크기로 축소해 버리는 것입니다. 하나님이 원래부터 추구하신 하나님의 비전, 하나님의 영광, 하나님의 관심 분야처럼 넓고 위대한 존재로서의 삶을 포기하는 것입니다.

성경에 기록된 죄의 역사를 보십시오. 아담과 하와는 자신의 그 엄청난 삶의 크기를 선악을 알게 하는 나무의 열매를 먹는 그 탐욕의 크기만큼 축소시켜 버렸습니다. 야곱은 물질에 대한 탐심의 크기만큼 삶을 축소시켜 버렸습니다. 이스라엘 백성은 어떻습니까? 광야를 지날 때 하나님이 부어 주시는 그 무한한 능력 가운데서 만나와 메추라기를 먹는 그 초월적이고 신비로운 삶을 거부하고 애굽에서 먹었던 그들 입맛에 맞는 음식을 그리워하면서 하나님을 배반했습니다. 요나는 니느웨로 가라는 명령을 왜 어겼습니까? 자신이 생각하는 정의와 의에 합당하지 않았기 때문입니다. 하나님의 명령을 자신이 생각하는 정의와 의의 크기만큼 축소시켜 버린 것입니다. 이처럼 하나님 나라를 거부한 인간은 죄로 말미암아 자신만 아는 자신의 크기만큼 삶의 크기를 축소시켜 버리게 됩니다. 그리고 이는 점점 작아집니다. 계속 작아져서 결국엔 아주 사소한 것에 목매는 인간으로 변화되는 것입니다.

십자가를 이루는 승리

회개란 이처럼 나의 나라에서 하나님 나라로 다시 돌아가는 것입니다. 그렇기에 그리스도의 십자가와 그분의 부활을 통해 우리를 값없이 의롭다 하시고 그 나라로 다시 들어올 수 있다 하시는 하나님의 허용, 하나님의 사랑, 하나님의 은혜가 없으면 회개할 수 없습니다. 그런데 세상에는 이런 하나님 나라를 반대하는 세력이 있습니다. 하나님의 뜻에 대항하는 아주 조직적이고 의도적인 세력이 있습니다. 인간의 역사는 이 두 왕국, 곧 세상 나라(사탄의 나라)와 하나님 나라의 충돌입니다.

왜 하나님이 그렇게 능력이 없으십니까? 왜 그렇게 싸우셔야 됩니까? 인간에게 있는 '자유의지' 때문입니다. 이 자유의지는 엄청난 능력입니다. 사탄 스스로는 세상을 다스릴 수 없습니다. 세상의 통치권이 인간에게 있기 때문입니다. 그런데 인간이 자유의지로 하나님과 멀어지면, 하나님에게 불순종하고 사탄과 손을 잡으면 세상을 다스릴 수 있게 됩니다. 그래서 인간을 무너뜨리는 것입니다. 사탄은 지금도 하나님에게 불순종하는 이들을 통해서 세상을 장악하고 있습니다. 사람들이 하나님 앞에 불순종하는 만큼 사탄의 세력이 커지고, 하나님에게 순종하는 만큼 하나님 나라가 더 확장됩니다. 세상은 이러한 충돌과 갈등과의 전쟁 속에 있는 것입니다.

그러나 그리스도의 십자가는 하나님 나라가 이 세상에서 승리했다는 것을 보여 줍니다. 사탄이 더 이상 인간을 제어할 수 없다는 것을 보여 줍니다. 왜입니까? 그리스도의 십자가 앞으로 나아가면 우리의 모든 죄를 용서받을 수 있기 때문입니다. 우리는 더 이상 사탄에게 빚진 자, 종노릇하는 자가 아닙니다. 십자가는 우리의 옛 사람을 벗어 버리고 하나님 나라의 백성으로 온전히 순종할 수 있는 은혜가 주어진 사건입니다. 우리 앞에 하나님의 승리를 가지고 하나님 나라의 백성으로 살 수 있는 길이 열린 것입니다. 얼마나 놀라운 은혜입니까!

우리의 회개와 믿음이 역사할 수 있는 것은 바로 하나님 나라가 왔기 때문입니다. 십자가와 부활로 승리하신 하나님 나라의 문이 활짝 열려 있기 때문에 우리의 공로와 의, 우리의 어떤 자랑과 성취로 하나님 나라에 들어가는 것이 아니라, 값없이 주어진 십자가의 은혜로 우리는 하나님 나라에 들어갈 수 있게 된 것입니다. 이때 필요한 것이 믿음의 응답입니다. 예수님의 "회개하고 복음을 믿으라"는 말씀은 하나님 나라의 오심에 대해 믿음으로 응답하라는 것입니다. 지금까지는 세상에서 하나님의 다스리심을 거부한 채 내가 왕이 되는 나만의 왕국에서 너무나도 하찮은 인생으로 살았지만, 이제는 나에게 찾아오신 하나님 나라의 백성으로 영광스럽게 살겠다고 결단하는 것입니다.

회개와 믿음으로 교회 된 사명을 이루라

교회란 무엇입니까? '에클레시아', 곧 '불러냄을 받은 자들'입니다. 예수님이 이 단어를 사용해서 교회를 세우신 것은 하나님 나라의 백성으로 부름 받았음을 보여 주시기 위함입니다. 교회란 세상 나라에서 하나님 나라로 부름 받은 자들이라는 것입니다.

> "아버지께서는 우리를 어둠의 권세에서 구해 내셔서 그분이 사랑하는 아들의 나라로 옮기셨습니다. 하나님의 아들 안에서 우리는 구속, 곧 죄 사함을 받았습니다"(골 1:13-14).

우리는 세상 나라에서, 흑암의 권세에서 그의 아들의 나라로 불러냄을 받았습니다. 우리가 교회를 선택하는 것이 아닙니다. 피상적으로는 눈에 보이는 교단이나 교회를 선택할 수 있지만, 근본적으로는 십자가의 구속으로 말미암아 우리가 교회로, 우리가 하나님 나라의 백성으로 부르심을 받은 것입니다.

우리가 교회로 선택받았다는 것은 하나님 나라가 임했음을 받아들이는 것입니다. 회개와 믿음을 통해 하나님 나라의 백성으로 부름 받았다는 것에 응답하는 것입니다. 이것이 곧 결단입니다. 거기에는 회개가 요구됩니다. 자기를 부인해야 한다는 것입니다. 나의 인생의 주인 되었던 것을 내려놓고 하나님을 인생의 왕이요, 통치자로 받아들이는 것입니다. 하나님 나라로 들어감을 선택하는 것입니다. 그것이 은혜입니다.

우리는 하나님 나라를 이해하고 분석하고 싶어 합니다. 그래서 그것을 인간의 어떤 논리적인 범주 안에 넣어 보려고 합니다. 그러나 예수님은 말씀하십니다. '분석 그만 하고 회개하고 믿음으로 들어가라. 회개와 믿음을 통해 그 나라를 경험하는 것이 더 중요하다.' 물론 분석하는 사람도 필요합니다. 그런데 하나님 나라는 나의 나라가 아니기 때문에 이해할 수 없습니다. 내가 다 이해할 수 있으면 내 나라지 하나님 나라입니까? 중요한 것은 회개하고, 믿음으로 그 나라에 들어가 참여하고, 그분의 통치를 받아들이고, 그분에게 믿음으로 순종함으로 하나님 나라의 백성으로 살아가는 것입니다.

조직 교회에 등록하고 참여한다고 해서 심판에서 면제되는 것이 아닙니다. 교회도 하나님의 심판의 대상입니다. 현재의 교회에는 알곡과 가라지가 함께 있습니다. 오직 하나님만이 알곡과 가라지를 구별할 수 있으십니다. 교회는 성도가 하나님 나라에 합당한 백성이 되도록 끊임없는 회개와 믿음을 가지고 살아가도록 도와야 합니다. 이것이 교회의 본질이요, 사명입니다.

우리가 교회로 선택받았다는 것은

하나님 나라가 임했음을 받아들이는 것입니다.

회개와 믿음을 통해

하나님 나라의 백성으로 부름 받았다는 것에

응답하는 것입니다.

"그때 예수께서 많은 무리를 보시고 산에 올라가 앉으시자 그의 제자들이 다가왔습니다. 예수께서 입을 열어 그들을 가르치시며 말씀하셨습니다. '복되도다! 마음이 가난한 사람들이여, 하늘나라가 그들의 것이다. 복되도다! 슬퍼하는 사람들이여, 그들에게 위로가 있을 것이다. 복되도다! 온유한 사람들이여, 그들은 땅을 유업으로 받을 것이다. 복되도다! 의에 주리고 목마른 사람들이여, 그들에게 배부름이 있을 것이다. 복되도다! 자비로운 사람들이여, 그들은 자비를 받을 것이다. 복되도다! 마음이 깨끗한 사람들이여, 그들은 하나님을 볼 것이다. 복되도다! 평화를 이루는 사람들이여, 그들은 하나님의 아들들이라 불릴 것이다. 복되도다! 의를 위해 핍박을 받는 사람들이여, 하늘나라가 그들의 것이다. 복되도다! 나 때문에 사람들의 모욕과 핍박과 터무니없는 온갖 비난을 받는 너희들, 기뻐하고 즐거워하라. 하늘에서 너희들의 상이 크다. 너희들보다 먼저 살았던 예언자들도 그런 핍박을 당했다"(마 5:1-12).

2.
복과 하나님 나라

참된
관계 안에서
누리는
여덟 가지 복

참된 복은 우리가 이루는 어떤 성취가 아니라,
우리 마음 상태로부터 결정됩니다.

본문은 예수님의 가르침의 핵심을 담고 있는 산상수훈에 대한 선언
입니다. 예수님은 땅의 모든 나라와 족속이 복을 얻게 하실 자로 오
신 분입니다. 복의 근원이신 하나님이 이 땅을 예수 그리스도를 통
해 복되게 하셨습니다. 예수님은 산상수훈의 첫 번째 파트에서 이
땅에서 하나님 나라에 들어간, 이 땅에서 하나님 나라를 경험하고
있는 사람들이 누리는 여덟 가지 복을 말씀하셨습니다. 예수님이 말
씀하신 하나님 나라는 죽음 이후에 경험하는 나라가 아닙니다. 살아
있을 동안에 하나님의 영으로 거듭난 새 생명이 주어진 자, 회개함
으로 이 땅에 찾아온 하나님 나라에 들어간 자들이 경험하는 나라입
니다.

예수님은 공생애를 시작하면서 제일 먼저 "하나님 나라가 가까이 왔으니 회개하고 복음을 믿으라"(막 1:15)고 말씀하셨습니다. 우리가 하나님 나라를 찾아가는 것이 아니라, 하나님 나라가 우리에게 왔으니 우리에게 요구되는 것은 회개와 믿음이라는 것입니다. 하나님 나라는 우리의 힘과 지혜와 능력으로 찾아가는 것이 아닙니다. 우리가 성취하거나 만드는 나라 또한 아닙니다. 하나님이 우리에게 허락하신 그리스도 안에서 우리에게 허락하신 그 나라를 믿음으로 받아들이면 선물로 주어진 그 나라의 백성이 되는 것입니다. 우리에게 찾아온 이 하나님 나라의 백성으로 살아가는 사람들이 누리는 복, 이것을 예수님은 여덟 가지 복의 형태로 설명해 주고 계십니다.

복과 하나님 나라

예수님은 '복되도다'라는 말씀으로 여덟 번의 축복을 선언하시며 이 복을 설명하셨습니다. 이 여덟 가지 복의 내용은 어떤 소유나 성취나 환경이나 우리의 행함이 아닙니다. 이것은 존재의 상태입니다. 우리의 됨됨이입니다. 우리의 마음 상태요, 우리의 인격과 성품 속에서 나타나는 것입니다. 무슨 말입니까? 참된 복은 마음 상태에 달려 있다는 것입니다. 우리가 이루는 어떤 성취가 아니라, 우리 마음

깊숙한 곳에 있는 마음 상태로부터 참된 복이 결정된다는 것을 설명하시는 것입니다.

여덟 가지 복은 서로 연결되어 있습니다. 어느 한 가지만 따로 떼어서 설명할 수 없습니다. 성령의 아홉 가지 열매가 서로 분리될 수 없는 것처럼 말입니다. 성령의 아홉 가지 열매는 원문에 보면 복수가 아닌 단수로 되어 있습니다. 성령의 열매는 사실 한 가지라는 것입니다. 그런데 그것이 아홉 가지의 모습으로 나타나는 것입니다. 이처럼 참된 복의 형태 또한 서로 분리되어 있는 것이 아니라 여덟 가지가 서로 연결되어 나타나기 때문에 어느 한 가지 측면만 가지고는 전부를 설명할 수 없습니다. 그래서 이 장에서는 여덟 가지의 복을 전체적인 시각에서 바라보며 각각의 복이 서로 어떻게 연결되어 있는가를 살펴보고자 합니다.

여덟 가지 복의 말씀은 서로 논리적인 영적인 순서로 연결되어 있습니다. 크리소스토무스(Johannes Chrisostomus)는 이 여덟 가지 복을 '황금 사슬'에 비유해서 설명했습니다. 첫 번째부터 네 번째까지의 복은 하나님과의 관계에서 나타나는 복의 형태입니다. 다섯 번째부터 여덟 번째까지의 복은 다른 사람과의 관계 안에서 나타나는 복입니다. 이처럼 참된 복은 관계 안에서 경험되는 것입니다. 나 혼자 누리는 복은 참된 복이 아닙니다. 하나님과 나, 그리고 나와 다른 누군가의 관계 속에서 우리는 참된 복을 경험할 수 있습니다.

이 팔복의 특성을 가장 완벽하게 보여 주신 분이 예수님이십니다.

예수님의 마음의 상태, 그분의 성품 및 관계를 보면 여덟 가지 복의 형태가 바로 예수님의 모습 속에 나타납니다. 그리스도가 내 안에, 내가 그리스도 안에 거하는 연합의 삶, 그것이 바로 이 땅에서 하나님 나라를 경험하며 하나님 나라의 백성으로 살아가는 삶의 모습입니다. 이 땅에서 하나님 나라의 삶을 살아가는 복의 상태가 바로 여덟 가지 복의 형태로 나타나는 것입니다.

마음이 가난한 사람들의 복

먼저 첫 번째 복을 살펴봅시다.

"복되도다! 마음이 가난한 사람들이여, 하늘나라가 그들의 것이다"(마 5:3).

마음의 가난에 대해 이미 많은 설명을 들었을 것입니다. 이는 영적인 파산 상태를 뜻합니다. 이는 환경적으로나 물질적으로, 또 지식적으로는 부요할지라도 그것과 상관없이 영적으로는 파산의 상태에 이르러 있는 것, 그래서 누군가의 도움 없이는 살아갈 수 없다고 생각하는 간절한 고백이 있는 상태입니다. 마음이 가난한 사람에게는 '하나님의 구원이 없이는 절망'이라는 고백이 있습니다. '그리스도를 떠나서는 아무것도 할 수 없다'고 고백하는 겸손함이 있습니다. 결론적으로, 마음의 가난함은 하나님의 다스림을 간절히 받고자 하는 겸손한 마음인 것입니다.

우리 안에 하나님의 다스림을 간절히 받고자 하는 겸손이 있다면 그것은 복된 것입니다. 그러나 정반대로 하나님의 다스림을 받지 않으려는 완악한 마음이 있다면 그것은 저주 가운데 있는 것입니다. 이 땅을 살아갈 때 우리 삶의 형편과 모습이 어떠하든지 간에 하나님의 다스림을 받고자 하는 간절한 마음과 갈급한 마음, 겸손한 마음과 절박한 마음이 있다면 그것이 바로 참된 복이요, 하나님 나라가 임한 첫 번째 증거입니다.

마음의 가난은 또한 참된 회개의 증거입니다. 예수님 당시에 하나님 나라를 경험한 사람들은 자신들이 가지고 이룬 것이 너무 많아서 하나님에게 감사하던 바리새인들이 아니었습니다. 무력으로 하나님 나라를 이룰 수 있다고 꿈꾸던 열심당원들도 아니었습니다. 그들은 자신들이 할 수 있는 것이라고는 하나님에게 자비를 베풀어 달라고 외치는 것밖에 없었던 세리와 죄인들이었습니다.

위대한 선교사 윌리엄 캐리(William Carey)는 40년 동안 여섯 개의 언어로 성경을 완역하고, 스물아홉 개의 언어로 성경을 부분 번역하는 위대한 업적을 남겼습니다. 그럼에도 불구하고 그는 묘비에 자신의 생을 이렇게 평가했습니다.

"비천하고, 가난하며, 벌레같이 보잘것없는 자가 주님의 친절한 팔에 쉬겠네."

그는 자존감이 낮았기 때문에 이런 묘비명을 남긴 것이 아닙니다. 자신이 하나님 앞에 붙들리지 않으면 얼마나 연약하고 무능력하고 무가치한 존재인지를 아는 마음이 가난한 사람이었기 때문입니다.

사도 바울도 자신의 가난한 마음을 이렇게 고백했습니다.

"내게 유익하던 것들을 나는 그리스도 때문에 다 해로운 것으로 여깁니다. 내가 참으로 모든 것을 해로 여기는 것은 내 주 그리스도 예수를 아는 지식이 가장 고상하기 때문입니다"(빌 3:7-8).

가장 위대하신 주님을 만났을 때 자신이 가지고 자랑하던 것들, 자신에게 유익을 주던 모든 것들을 배설물로 여길 수 있는 마음, 이 것이 바로 가난한 마음이요, 하나님 나라가 임한 첫 번째 축복의 상 태입니다.

슬퍼하는 사람들의 복

두 번째 복은 무엇입니까?

"복되도다! 슬퍼하는 사람들이여, 그들에게 위로가 있을 것이다"(마 5:4).

두 번째 복은 슬퍼하는 사람들의 복입니다. 이 슬픔은 첫 번째 복인 마음의 가난함에서 나오는 슬픔입니다. 따라서 두 번째 복은 첫 번째 복의 결과입니다.

세상은 슬픔 속에 있는 사람을 결코 복되다고 말하지 않습니다. 세상은 인생을 즐기라고 말합니다. 즐겁게 웃고 기쁘게 사는 것을 복되다고 말합니다. 그러나 예수님은 이 땅에서 하나님 나라를 사는 성도들은 세상 가운데 슬퍼하며 살아간다고 말씀하십니다. 자신의 죄로 인해 슬퍼하고, 이 세상의 상태로 인해 슬퍼하게 되는 것입니다. 이 세상이라는 배가 기울어 바다로 빠져들고 있기 때문입니다. 세상은 진보와 기술의 발전을 믿으며 미래에 대한 환상에 젖어 있지만, 제자들은 세상의 종말과 심판을 믿기에 슬퍼합니다. 세상은 인공 지능을 만들면 유토피아가 올 것처럼 생각하지만, 이는 기술의 발전 이후에 다가올 세상의 아픔을 바라보지 못하기 때문입니다.

성경에 보면 예수님이 세상에 계실 때 웃으셨다는 기록이 없습니다. 사실 예수님이 하신 말씀과 내용들을 보면 위트 있는 말씀들이 참 많았습니다. 그러나 예수님은 세상에 계실 때 애통해하는 분이셨습니다. 세상을 보며 많은 눈물을 흘리셨습니다. 자신의 죄 때문이 아니라 세상의 죄 때문에 애통해하신 것입니다. 승천하신 예수님은 지금도 눈물로 애통해하며 우리를 위해 기도하고 계실 것입니다.

이렇게 슬퍼하는 자들은 위로의 복을 받습니다. 히브리인들은 이 '슬퍼하다'라는 단어의 수동형으로 '위로하다'라는 단어를 만들었습니다. 위로와 슬픔이 서로 수동형으로 바뀌면 단어가 만들어지는 것입니다. 진정한 위로는 무엇입니까? 함께 슬퍼하는 것입니다. 우리의 가난한 마음에 세상을 향한 하나님의 마음을 품고 세상을 바라보며 슬퍼하는 자는 위로부터 주시는 하늘의 위로, 성령 하나님의 십자가의 은혜로 주어지는 하늘의 위로를 경험하게 됩니다. 이 땅에서 하나님 나라의 위로를 경험하며 살아가는 것입니다.

온유한 사람들의 복

세 번째 복은 무엇입니까?

"복되도다! 온유한 사람들이여, 그들은 땅을 유업으로 받을 것이다"(마 5:5).

마음의 가난함으로부터 시작해서 슬퍼하는 사람의 마음은 세 번째 단계로 온유합니다. 가난한 마음과 슬퍼하는 마음의 결과는 온유한 마음입니다. 온유함이란 무엇입니까? 이는 하나님에 대한 온유와 사람에 대한 온유로 나누어 볼 수 있습니다. 먼저, 하나님에 대한 온유는, 하나님의 뜻이 아무리 힘들고 어려울지라도 그 뜻에 순종할 수 있는 힘, 하나님의 주권을 인정하고 하나님의 뜻이 이루어지도록 그 일에 온전히 헌신할 수 있는 내면의 힘을 하나님에 대한 온유라고 합니다.

그렇다면 사람에 대한 온유는 무엇입니까? 이는 어떤 상황 속에서도 하나님의 뜻이 이루어지도록 인정하는 것을 말합니다. 때로 자신의 연약함과 허물을 인정하는 것, 하나님 앞에서 자신의 죄인 됨을 인정하는 것, 또한 다른 사람의 지적도 허용할 수 있는 것이 사람에 대한 온유입니다. 예수님은 온유하셨습니다. 자신이 죄인으로 인정받고 우리 죄를 온전히 대속할 수 있게 되기 위해 그분은 온유하셔야만 했습니다. 산헤드린 공회에서 불법으로 재판받으실 때, 빌라도와 헤롯 앞에서 재판받고 조롱받으실 때 그리고 십자가에 못 박히실 때, 예수님은 자신의 무죄를 주장하지도, 자신을 변호하지도 않으셨습니다. 우리 죄를 대신 감당하기 위해서는 죄인으로 십자가에 못 박히셔야만 했기 때문입니다. 십자가를 통해 이루어질 하나님의 뜻에 순종하셔야만 했기에 그분은 온유하게 그 모든 것을 참으셨던 것입니다. 존 버니언(John Bunyan)은 이런 말을 했습니다.

"넘어져 있는 사람들은 넘어질 것을 두려워할 필요가 없다."

참된 온유는 무엇입니까? 하나님 앞에 온전히 넘어져 있는 것입니다.

가난하고 슬퍼하는 온유한 마음은, 때로 세상에서 오해와 조롱을 받을지라도 하나님의 뜻이라면 그 뜻이 이루어지는 것에 순종할 줄 아는 힘을 얻게 됩니다. 이것이 바로 온유한 자가 누리는 복입니다. 놀랍게도 하나님은 이들을 세상에 내버려 두지 않으십니다. "그들은 땅을 유업으로 받을 것이다." 이것은 세상의 힘과 무력으로 세상을 정복한다는 뜻이 아닙니다. 세상에서 하나님 나라를 살아가는 사람들은 세상의 땅이 아닌 온유함을 목표로 살아갑니다. 이들은 스스로 자신을 보호하거나 자신의 권리를 주장하지 않지만, 놀랍게도 하나님이 이들을 들어 쓰셔서 이들을 통해 세상에 영향을 미치는 놀라운 역사를 이끌어 주십니다.

의에 주리고 목마른 사람들의 복

네 번째 복은 무엇입니까?

"복되도다! 의에 주리고 목마른 사람들이여, 그들에게 배부름이 있을 것이다"(마 5:6).

각 복의 단계는 다음 단계를 끌고 옵니다. 마음이 가난한 자는 슬퍼하는 자이고, 슬퍼하는 자는 온유한 마음을 가집니다. 마음의 가난으로부터 시작해서 슬퍼함과 온유함을 지나, 이제는 그 온유한 마음으로 하나님 앞에 서는 의에 주리고 목마른 자가 되는 것입니다.

우리가 살아 있다는 증거가 무엇입니까? 배고픔과 목마름을 느낀다는 것입니다. 그것이 육체적 생명의 본능입니다. 마찬가지로, 영적인 배고픔과 목마름, 의에 대한 배고픔과 목마름을 느낀다는 것은 바로 우리 안에 영적인 생명이 있다는 증거입니다.

하나님 나라의 건강한 백성이라면 항상 배고파합니다. 목말라합니다. 성도들이 이른 아침부터 예배의 자리로 나오는 이유가 무엇입니까? 목마름과 배고픔이 있기 때문입니다. 하나님을 추구하는 갈망이 있기 때문입니다. 이것이 바로 의에 대한 목마름과 배고픔입니다. 하나님과 올바른 관계에 있고자 하는 갈망입니다. 하나님의 임재를 경험한 사람은 더욱더 하나님의 임재를 간구합니다. 예배 가운데 하나님을 만난 사람은 예배를 더 드리고 싶어 합니다. 하나님에 대한 배고픔, 하나님에 대한 갈망은 채워질수록 더욱 주리고 목마릅니다. 그런데 세상의 어떤 것에 주리고 목마르게 되면, 이는 우리를 더욱 집착하게 하고 중독으로 몰아가 결국엔 우리 삶을 허물어 버립니다.

놀랍게도, 의에 주리고 목마른 자들은 더 주리고 목마를수록 행복을 누리게 됩니다. 더 행복하게 됩니다. 행복을 추구할 때는 이것이 쉽게 얻어지지 않습니다. 사람들이 행복하지 못한 이유는 행복을 추구했기 때문입니다. 추구해서 얻어질 수 있는 게 아닌데 추구하기 때문에 행복하지 않은 것입니다. 그렇다면 어떻게 얻을 수 있습니까? 행복은 행복을 가져다주는 그 무언가를 갈망할 때 따라옵니다.

의에 주리고 목마른 사람들이 배부름을 얻게 된다는 것은, 우리가 추구하는 진정한 복은 우리가 의에 주리고 목마를 때 참된 복이 찾아옴으로 우리가 배부름을 얻게 된다는 것입니다.

세상 음식으로 배부른 것은 먹는 순간에만 유익할 뿐, 사실 우리는 먹으면서도 죽어 가고 있습니다. 우리는 맛있는 음식을 먹음으로써 우리 육신의 생명을 유지하고 있는 것 같지만, 사실 한편으로는 죽어 가고 있는 것입니다. 세상의 것은 우리에게 진정한 배부름을 가져다줄 수 없습니다. 그러나 의에 주리고 목마른 상태는 우리를 복되게 하는 진정한 배부름을 가져다줍니다.

여기서 네 번째 복은 여덟 가지 복에 중요한 전환점을 가져옵니다. 앞의 네 가지 복, 곧 가난한 마음, 슬퍼하는 마음, 온유한 마음 그리고 의에 주리고 목마른 마음은 수동적인 것으로, 우리 자신을 비우는 것입니다. 그런데 이 네 번째 복으로 인해서 배부름을 얻게 됩니다. 이 배부름은 무엇입니까? 하나님의 임재로 인한 배부름, 즉 의에 주리고 목마른 자가 얻게 되는 참된 복의 배부름입니다. 이 배부름을 시작으로 우리는 나머지 복으로 인해 관계 속에서 풍성함을 누리게 됩니다. 곧 나누고, 베풀고, 회복시키는 자가 되는 것입니다.

자비로운 사람들의 복

다섯 번째 복은 무엇입니까?

"복되도다! 자비로운 사람들이여, 그들은 자비를 받을 것이다"(마 5:7).

주님의 자비하심을 경험했기에 이제 다른 사람에게 자비를 베풀수 있는 자가 되는 것입니다. 다른 사람에 대해 자비로운 행동을 베푼 사람이란 무엇을 의미합니까? 이미 자기를 경험한 자라는 증거입니다. 시편 18편 25절은 "신실한 사람들에게는 주의 신실함을 보이시고"라고 말씀합니다. 의에 주리고 목마른 자가 배부름을 얻으면 그는 이제 베푸는 자가 될 수 있는 것입니다. 만일 우리가 자비를 베풀지 못하고 있다면 오직 한 가지 설명만이 가능합니다. 그것은 아직 하나님의 자비를 경험하지 못했다는 것입니다.

사람은 받은 만큼 줄 수 있습니다. 바꿔 말하면, 경험하지 못한 것은 절대로 줄 수 없다는 것입니다. 용서를 경험하지 못했다면 용서를 줄 수 없습니다. 자비를 경험하지 못했다면 자비를 줄 수 없습니다. 누군가를 용서하고 있다는 건 용서받은 경험이 있다는 것입니다. 하나님의 용서를 경험하지 못했다면 다른 사람을 용서하지 못합니다. 하나님의 자비를 경험하지 못했다면 다른 사람에게 자비를 베풀지 못합니다. "자비로운 사람들이여, 그들은 자비를 받을 것이다."

이 말씀은 "너희가 남의 죄를 용서하지 않으면 너희 아버지께서도 너희 죄를 용서하지 않으실 것이다"(마 6:15)라는 예수님의 말씀과 맥락을 같이합니다. 참으로 복된 것은 자비를 베푸는 자가 될 수 있다는 것입니다. 여기서 '자비'란 'love in action', 곧 '행동으로 나타나는 사랑'이라고 번역할 수 있습니다. 필요를 채우고 행동함으로 그 사랑을 나타내는 것이 자비라는 의미입니다.

우리 삶의 모든 영역에서 누군가에게 자비를 베풀 수 있다는 것은 하나님의 자비하심을 경험했다는 증거입니다. 이 얼마나 복된 일입니까! 이 땅에 살면서 얼마나 많은 것을 성취하고 가졌는가가 아니라, 얼마나 많이 베풀었는가가 복의 기준이요, 잣대가 되어야 합니다.

마음이 깨끗한 사람들의 복

여섯 번째 복은 무엇입니까?

"복되도다! 마음이 깨끗한 사람들이여, 그들은 하나님을 볼 것이다"(마 5:8).

마음이 깨끗하다는 것은 죄가 없다는 뜻이 아닙니다. 우리에게는 예수 그리스도의 의로 덧입혀진 의, 곧 우리 죄를 씻어 주시는 하나님의 의와 그리스도의 보혈로 용서받은 정결함만이 있을 뿐 근본적인 정결함은 없습니다. 다윗은 이렇게 고백했습니다.

> "오 하나님이여, 내 속에 정결한 마음을 창조하소서. 내 안에 정직한 영을 새롭게 하소서"(시 51:10).

정결함이란 하나님이 새롭게 창조해 주시는 정결해진 마음입니다. 우리가 정결한 마음, 깨끗한 마음을 가졌다는 것을 어떻게 알 수 있습니까? 하나님이 미워하시는 것을 미워하고 하나님이 사랑하시는 것을 사랑하고 있다면 우리 안에 정결한 마음이 있는 것입니다. 우리는 간혹 정결한 마음을 가졌다는 것을 우리 안에 문제가 없다는 것으로 이해할 때가 많습니다. 아닙니다. 이것은 하나님의 마음을 분별할 수 있느냐, 없느냐의 문제입니다.

하나님의 마음이 분별된다면, 자신의 마음에 있는 동기와 목적의 순수함이 분별된다면 그 사람은 하나님을 보고 있는 사람입니다. "하나님을 볼 것이다"라는 말씀은 '하나님의 임재 앞에서 살아간다'는 뜻입니다. 우리 육신의 눈으로는 하나님을 볼 수 없습니다. 하나님을 보게 된다는 것은 자신의 모든 삶과 행동 및 관계 속에서 하나님의 눈으로 모든 상황을 볼 수 있는 자가 된다는 것입니다. 이것이 복된 것입니다.

평화를 이루는 사람들의 복

일곱 번째 복은 무엇입니까?

"복되도다! 평화를 이루는 사람들이여, 그들은 하나님의 아들들이라 불릴 것이다"(마 5:9).

이 일곱 번째 복은 여섯 번째 복과 긴밀하게 연결되어 있습니다. 평화를 이루는 일은 깨끗한 마음 상태일 때 가능합니다. 왜 평화가 이루어지지 않습니까? 우리의 마음이 정결하지 않기 때문입니다. 야고보서 3장 17절은 "하늘에서 오는 지혜는 무엇보다도 성결하고 또한 화평하며"라고 말씀합니다. 첫째는 성결이고 화평은 그다음입니다. 화평 이전에 성결이 나오는 것을 기억해야 합니다.

평화를 깨는 것은 죄입니다. 우리 마음속에 있는 죄와 거짓, 온갖 더러운 것들이 평화를 깨뜨립니다. 세상에서는 평화를 말하지만 진정한 평화가 이루어지지 않는 이유는 무엇입니까? 깨끗하고 순수한 마음이 없기 때문입니다. 진정한 평화란 의로움으로 충만한 것입니다. 의로움으로 충만할 때 진정한 평화가 옵니다.

하나님은 평화의 하나님이십니다. 우리가 하나님 나라의 백성으로서 평화를 이루는 자가 되기 위해서는 마음이 깨끗해야 합니다. 깨끗한 마음을 얻기 위해서는 의에 주리고 목마른 자가 되어야 합니다. 또한 자비를 베풀 수 있는 사람이 되어야 합니다. 이처럼 각각의 복들은 서로 연결되어 있습니다.

의를 위해 핍박을 받는 사람들의 복

마지막 여덟 번째 복은 무엇입니까?

"복되도다! 의를 위해 핍박을 받는 사람들이여, 하늘나라가 그들의 것이다. 복되도다! 나 때문에 사람들의 모욕과 핍박과 터무니없는 온갖 비난을 받는 너희들, 기뻐하고 즐거워하라. 하늘에서 너희들의 상이 크다. 너희들보다 먼저 살았던 예언자들도 그런 핍박을 당했다"(마 5:10-12).

마지막 복은 이해하기 어려운 복입니다. 하나님 나라를 소유한 사람이라면 이런 핍박은 없어야 한다고 생각하게 마련입니다. 그러나 반대입니다. 예수님은 의를 위해 적극적으로 핍박을 받을 수 있는 사람이 복된 사람이라고 말씀하십니다. 여덟 번째 복이 일곱 번째 복 다음으로 나와야 하는 이유가 여기에 있습니다. 하나님 나라의 백성이 의를 위해 핍박 받는 것은 그들이 평화를 이루는 자들이기 때문입니다. 죄악 된 세상에서 평화를 이루는 자들에게는 반드시 희생이 따릅니다.

참된 평화에는 대가가 요구됩니다. 예수님이 십자가에 못 박히신 이유가 무엇입니까? 하나님과 인간 사이에 평화를 이루기 위해서 대가를 치르신 것입니다. 예수님은 마음이 가난하셨습니다. 슬퍼하셨습니다. 온유하셨습니다. 자비를 베푸셨습니다. 마음이 깨끗한 분이셨습니다. 그리고 평화를 이루신 분이셨습니다. 그래서 십자가에 못 박히신 것입니다.

예수님은 이 마지막 복을 말씀하실 때 '복되도다'라는 말씀을 두 번 반복하셨습니다. 하나님 나라의 백성으로서 이 땅에서 의를 위해 핍박을 받는 자는 두 배의 복이 있다는 것입니다. 그뿐 아니라 하늘에서 상이 크니 기뻐하고 즐거워할 일이라는 것입니다. 이 세상의 시각으론 참으로 이해할 수 없는 복입니다.

흥미로운 것은, 첫 번째와 여덟 번째 복의 결과에 '하늘나라', 곧 하나님 나라가 유업으로 언급된다는 것입니다. 똑같은 하나님 나라입니다. 하지만 그 깊이는 다릅니다. 마치 같은 '도'여도 옥타브마다 음의 높이와 깊이가 다른 것처럼 말입니다. 마찬가지입니다. 똑같은 하나님 나라지만 마음이 가난한 상태에서 경험한 하나님 나라와 의를 위해 핍박을 받는 사람으로서 경험하는 하나님 나라의 깊이는 다를 수밖에 없습니다.

이미 주어진 복된 삶

누군가 팔복을 정반대로 쓴 글을 보았습니다. 팔복을 뒤집어서 복이 아닌 상태로 설명한 것입니다. 만일 우리가 이 세상에서 팔복의 상태와 정반대의 삶을 살아간다면 그 삶은 영적으로 죽어 있는 지옥과도 같은 삶일 것입니다.

"영적인 자기만족에 빠진 자는 가련하나니 지옥이 저희의 것이다. 자기 죄성의 비참함을 부인하는 자는 가련하나니 저희가 고통을 받을 것이다. 자기중심적인 자는 가련하나니 저희가 공허하게 살 것이다. 끊임없이 자신을 정당화하는 자는 가련하나니 저희의 노력이 헛될 것이다. 긍휼히 여기지 않는 자는 가련하나니 저희가 긍휼히 여김을 받지 못할 것이다. 부정한 마음을 가진 자는 가련하나니 저희가 하나님을 보지 못할 것이다. 화평을 거부하는 자는 가련하나니 저희가 사탄의 자식이라 일컬음을 받을 것이다. 안락함을 위해 헌신을 거부하는 자는 가련하나니 지옥이 저희의 것이다."

이 땅에서 하나님 나라의 백성으로 사는 것은 복된 일입니다. 예수님이 여덟 가지로 복되다 선언하실 만큼 복된 일입니다. 하나님 나라의 복된 삶은 우리에게 이미 주어진 것입니다. 예수 그리스도 안에서, 그분의 십자가 앞에서 우리는 가난한 마음으로 설 수밖에 없습니다. 그분의 십자가와 함께 나아갈 때 우리는 의를 위해 핍박받는 데까지 나아가게 됩니다. 이것은 우리의 힘으로 성취하는 것이 아닙니다. 그리스도의 십자가를 통해 우리에게 주어지는 은혜의 선물입니다. 우리는 날마다 이 여덟 가지의 복의 상태로 마음을 살펴보고 우리가 진정 복된 삶을 살고 있는지 아닌지를 점검해야 합니다. 이것이 복된 자가 가져야 할 삶의 자세입니다.

그리스도가 내 안에, 내가 그리스도 안에 거하는 연합의 삶,

그것이 바로 이 땅에서 하나님 나라를 경험하며

하나님 나라의 백성으로 살아가는 삶의 모습입니다.

"이제 씨 뿌리는 사람의 비유를 들어 보라. 하늘나라에 대한 말씀을 들어도 깨닫지 못하면 악한 자가 와서 그 마음속에 뿌려진 것을 빼앗아 간다. 이것이 바로 길가에 뿌린 씨와 같은 사람이다. 돌밭에 떨어진 씨는 말씀을 듣자마자 기쁨으로 받아들이지만 뿌리가 없기 때문에 오래가지 못한다. 말씀 때문에 고난이나 핍박이 오면 곧 걸려 넘어진다. 또 가시덤불 가운데 떨어진 씨는 말씀은 들었지만 이 세상의 걱정과 돈의 유혹이 말씀을 막아 열매 맺지 못하는 사람이다. 그러나 좋은 땅에 떨어진 씨는 말씀을 듣고 깨닫는 사람이다. 이 사람은 열매를 맺어 100배, 60배, 30배 결실을 낸다"(마 13:18-23).

3.
말씀과 하나님 나라

우리 영혼의 농부이신 하나님은
묵은 땅같이 단단한 우리의 마음을
부수고 기경해서 좋은 밭이 되게 하십니다.

마가복음 1장 15절은 예수님이 공생애를 시작하면서 제일 먼저 주
신 교훈일 뿐만 아니라 예수님의 모든 교훈의 핵심입니다.

"하나님 나라가 가까이 왔으니 회개하고 복음을 믿으라"(막 1:15).

예수님은 하나님 나라가 이 땅에 임했다는 것을 많은 비유를 통해
알려 주셨습니다. 직설화법으로 가르치지 않고 특별히 자연과 생활
속에서의 여러 비유로 말씀하신 것은, 하나님 나라는 추상적인 개념
이 아니라 생활 속에서 체험할 수 있는 실제라는 것을 우리에게 가
르쳐 주시기 위함이었습니다.

씨 뿌리는 농부의 비유: 낭비 아닌 사랑

마태복음에는 하나님 나라의 실재를 알려 주는 여러 비유들이 나옵니다. 본문은 그 첫 번째 비유로서 '씨 뿌리는 농부의 비유'라고 알려져 있는 익숙한 말씀입니다. 너무나 단순한 비유여서 특별한 해석이 필요 없는 말씀이지만, 그 깊이는 하나님 나라의 원리와 역사를 가장 잘 설명해 주는 아주 본질적이고 중요한 비유라고 할 수 있습니다. 이 비유를 통해서 주님이 우리에게 알려 주고자 하는 핵심은, 하나님 나라는 말씀이 심겨진 우리 마음에 임해서 역사한다는 것입니다.

흙과 씨앗이라는 비유가 너무나 적절합니다. 인간은 흙으로 만들어졌기 때문입니다. 흙으로 만들어진 인간의 마음속에 하나님의 말씀의 씨앗이 떨어질 때 하나님의 말씀이 우리 마음을 어떻게 다스리느냐, 그 말씀에 우리가 어떻게 반응하느냐에 따라서 하나님 나라의 실재를 경험할 수도 있고 경험하지 못할 수도 있다는 것입니다. 말씀으로 천지를 창조하신 하나님은 에덴동산도, 아담과 하와도 그리고 오늘 우리의 삶도 말씀으로 다스리십니다. 말씀으로 우리 삶에, 우리의 역사 속에 하나님이 임하신다는 것입니다. 우리는 하나님의 말씀이 우리 마음에 온전히 임함으로 우리 안에 하나님 나라가 임하기를, 그리고 그 나라를 체험하게 되기를 늘 간구해야 합니다.

누군가는 농부에게 이런 질문을 던지고 싶을 것입니다.

"왜 주의 깊게 씨앗을 뿌리지 못하고 길가와 돌밭과 가시덤불에 뿌렸습니까? 좋은 밭인지 아닌지 잘 구별해서 뿌렸다면 이렇게 씨앗이 낭비되는 일은 없지 않았겠습니까?"

사실, 이는 농부의 부주의함이라기보다는 이스라엘 땅의 척박함을 의미합니다. 물론 이스라엘에도 평야가 있습니다. 하지만 그것은 일부일 뿐, 대부분은 산과 돌이 많은 척박한 땅으로 이루어져 있습니다. 그래서 특별히 예루살렘 같은 지역은 나무로 집을 짓지 못하게 합니다. 모든 건물을 돌로 짓게 할 만큼 돌밭이 많고 나무가 귀하기 때문입니다. 그렇다면 이는 한편으로 슬픈 비유입니다. 좋은 땅이 아닌 밭이라도 씨앗을 뿌릴 수밖에 없는, 그래서 씨가 낭비되는 것처럼 보이는 상황이 우리에게 슬픔을 가져다줍니다.

하지만 이 비유를 통해서, 이런 상황을 통해서 우리에게 알려 주고자 하시는 목적이 있습니다. 그것은 하나님의 말씀이 우리에게 들려질 때, 하나님은 말씀을 받아들일 수 있는 좋은 땅과 같은 마음에만 말씀하시는 것이 아니라, 길가와 같은 단단한 마음, 가시덤불과 돌밭 같은 마음에도 계속해서 말씀의 씨를 뿌리신다는 것입니다. 듣지 않으려 하고, 들어도 깨닫지 못하고 또 받아들이지 못하는 완악한 마음이지만 하나님은 오늘도 끊임없이 말씀의 씨앗을 뿌리고 계시다는 것입니다.

잘 들으려는 사람들에게만 전해서는 안 됩니다. 하나님의 말씀은 끊임없이 뿌려져야 합니다. 하나님은 지금도 말씀하고 계십니다. 예배의 자리에 나아와 예배하는 성도들뿐 아니라 아주 완악한 심령에게도, 하나님 없이 살아가는 심령에게도 하나님은 여러 환경과 상황 및 그들의 양심을 통해 계속해서 그들 영혼에 말씀하고 계십니다. 왜입니까? 사랑하시기 때문입니다. 사랑의 하나님은 말씀이 낭비되는 것처럼 보이는 상황 속에서도 포기하지 않고 씨앗을 뿌리는 농부이십니다.

길가와 같이 단단한 밭

네 가지 밭의 비유 중 첫째 밭은 씨가 뿌려졌어도 열매 맺지 못하는 길가와 같이 단단한 밭입니다.

> "하늘나라에 대한 말씀을 들어도 깨닫지 못하면 악한 자가 와서 그 마음 속에 뿌려진 것을 빼앗아 간다. 이것이 바로 길가에 뿌린 씨와 같은 사람이다"(마 13:19).

길가는 많은 사람들이 지나다녀서 그 표면이 단단해진 상태의 땅입니다. 표면이 단단해지면 씨가 들어갈 수 없습니다. 뿌려진 씨앗이 뿌리를 내리려면 아주 부드러운, 그래서 그 작고 연약한 씨앗을 품을 수 있는 밭의 상태여야 하는데, 여러 번 밟혀서 단단해졌기 때문에 그 표면이 씨앗을 수용할 수 없는 상태가 되었습니다. 단단해진 표면을 걷어내면 사실 그 안에는 좋은 흙이 들어 있습니다. 그런데 그 겉이 단단하고 딱딱하기 때문에 씨앗을 수용할 수 없는 것입니다.

인생의 여러 상황과 환경 및 사람들에게 받은 많은 상처와 짓밟힘, 아픔과 거절, 두려움과 죄로 인해 마음의 표피가 단단해진 사람들이 길가와 같은 마음을 소유한 자들입니다. 이런 사람들은 대개 자기 생각에 갇혀 있어, 그 마음에 무슨 말씀이 뿌려져도 받아들여지지가 않습니다. 그래서 말씀이 그 마음 깊숙한 곳에 있는 좋은 밭에까지 이르지 못하게 됩니다. 이때 사탄이 쉽게 다가와서 말씀의 씨앗을 빼앗아 가 버립니다.

하지만 우리가 이러한 상태로 평생을 살 것이라는 말씀은 성경에 없습니다. 이런 마음의 토양은 바뀔 수 있습니다. 가끔 길을 가다 보면 단단한 콘크리트 틈 사이로 작은 잡초와 꽃들이 나오는 것을 볼 수 있습니다. 이게 바로 생명의 능력입니다. 마찬가지로, 우리의 마음이 아무리 길가와 같이 단단하다 할지라도 그 마음에 작은 틈만 있으면 하나님의 말씀의 씨앗은 심겨질 수 있습니다.

그렇다면 그 틈은 언제 생길까요? 고난의 때입니다. 우리 인생에 당하는 그 고난을 통해 하나님은 우리 마음의 단단함을 깨뜨리십니다. 그래야 생명이 임할 수 있기 때문입니다. 그래야 말씀의 씨앗이 우리 마음에 심겨져 생명의 역사를 이룰 수 있기 때문입니다. 그럴 때 예전에는 들리지 않았던 말씀이 들리게 됩니다. 그러면 마음속에 생명의 말씀이 자라기 시작하고, 결국엔 꽃이 피고 열매를 맺게 됩니다.

뿌리를 내리기 힘든 돌밭

두 번째는 씨앗이 뿌려져도 열매 맺지 못하는 돌밭입니다.

> "돌밭에 떨어진 씨는 말씀을 듣자마자 기쁨으로 받아들이지만 뿌리가 없기 때문에 오래가지 못한다. 말씀 때문에 고난이나 핍박이 오면 곧 걸려 넘어진다"(마 13:20-21).

유대 지역의 돌밭에 뿌려진 씨는 일반 밭에 뿌려진 씨앗보다 싹이 빨리 난다고 합니다. 밑에 있는 돌에서 올라오는 온기 때문에 싹을 빨리 낼 수 있는 환경이 조성되기 때문입니다. 그래서 유대인들은 농사 월력으로 대개 10월 정도에 씨를 뿌린다고 합니다. 그러면 11월이나 12월 무렵 태양의 열기가 서서히 누그러지면서 돌의 온돌 효과가 발생해 싹이 빨리 난다고 합니다. 노련한 농부들은 이것을 활용해서 자신의 농사에 지혜롭게 접목시킬 것입니다. 하지만 지혜롭지 못하다면 어떻게 될까요? 적절한 조치를 취하지 않으면, 싹은 먼저 나지만 밑에 있는 돌 때문에 뿌리를 내리지 못해 식물은 말라 죽고 말 것입니다.

이런 돌밭의 모습을 통해 우리에게 가르쳐 주시는 것은 무엇입니까? 이는 돌밭에 쉽게 뿌리 내리는 씨앗처럼, 순간적인 흥분이나 군중 심리, 또는 잘못된 기대를 가지고 피상적으로 믿어 마음에 깊이 뿌리 내리지 못하는 믿음의 상태를 의미합니다. 이런 믿음은 고난과 핍박과 어려운 환경이 닥치면 더 이상 자라지 못하고 말라 죽게 됩니다. 리처드 포스터(Richard Foster)는 《영적 훈련과 성장》(생명의말씀사 역간)이라는 책에서 이렇게 지적했습니다.

"이 시대의 가장 안타까운 저주는 바로 이 피상성이다."

피상적인 신앙은 절대로 고난을 이길 수 없습니다.

이 돌밭은 사실 길가와 정반대입니다. 길가는 씨 자체가 뿌려지지 않지만 돌밭은 씨를 잘 수용합니다. 금방 받아들입니다. 그러나 뭔가 있는 것 같지만 사실 그 속에는 돌만 가득합니다. 그 속에 들어 있는 돌이란 무엇입니까? 무심코 어떤 생각의 과정 없이 스스로 옳다고 믿는 '세계관'이라 할 수 있습니다. 어떤 사람이 세계관을 '창자 속에 내려가 있는 믿음'이라고 정의했습니다. 우리 모두는 무엇인가를 생각하고 비판합니다. 하지만 그 생각과 비판 이면에 있는 자신의 세계관은 알지 못합니다. 우리에게는 자신이 비판하는 그 기준 자체를 동시에 비판할 능력이 없습니다. 이것이 바로 우리 마음속에 있는 돌과 같은 것입니다. 이 돌이 깨어지지 않으면, 이 돌이 파괴되지 않으면 말씀의 씨앗이 깊이 들어가지 못하게 됩니다. 그래서 피상적인 신앙에 머무를 때가 많은 것입니다.

한국의 그리스도인들이 그렇습니다. 겉은 그리스도인인데 한 꺼풀 벗겨 보면 속에는 돌같이 굳게 막혀 있는 세계관이 나옵니다. 대개는 유교적인 세계관이 나오고, 그 유교적인 것을 벗기면 샤머니즘적인 세계관이 나옵니다. 그래서 말씀이 깊이 뿌리 내리지 못하고, 그래서 피상적인 신앙생활에 머물게 됩니다. 그러다 보면 자기 자신의 편견과 고집, 자기 자신의 세계관 속에 갇히게 되는 것입니다. 부서져야 합니다. 깨뜨려져야 합니다. 이것은 사실 스스로의 힘으로는 불가능합니다. 성령님의 도움이 필요합니다. 그런데 우리에게 희망의 약속이 있습니다.

"내가 너희에게 새로운 마음을 주고 너희 안에 새로운 영을 줄 것이다. 내가 너희 육신으로부터 돌과 같이 굳은 마음을 없애고 너희에게 살처럼 부드러운 마음을 줄 것이다"(겔 36:26).

성령의 가장 중요한 역사는, 돌같이 굳은 마음을 부수고 살처럼 부드러운 마음을 주시는 것입니다. 우리 안에 변화가 가능하다는 것입니다. 돌밭과 같은 마음도 부서짐으로 좋은 흙이 될 수 있다는 것입니다.

좋은 기운을 빼앗는 가시덤불에 덮인 밭

세 번째는 가시덤불에 덮여 있는 땅입니다.

"또 가시덤불 가운데 떨어진 씨는 말씀은 들었지만 이 세상의 걱정과 돈의 유혹이 말씀을 막아 열매 맺지 못하는 사람이다"(마 13:22).

가시덤불에 덮여 있는 흙은 사실 좋은 영양분을 가졌습니다. 그런데 가시덤불이 함께 있기 때문에 흙의 좋은 기운과 자양분을 가시덤불이 먼저 가져가 버리는 것입니다. 우선순위로 더 빨리 영양분을 가로채 버리기 때문에 열매 맺지 못하는 것입니다. 인생에 대한 걱정, 돈의 유혹 그리고 세상에서 좋다고 하는 많은 것들도 사실은 가시덤불과 같습니다. 이것이 기운을 빼앗아 말씀이 열매 맺지 못하게 하는 것입니다. 그것이 무엇이든 우선순위가 바뀌면 안 됩니다. 우선순위가 바뀌면 영양분을 빼앗겨 버림으로 말씀의 역사가 나타날 수 없습니다.

어느 연령대든 간에 마음에서 자라는 가시덤불이 있습니다. 이것은 나이를 가리지 않고 우리가 죽을 때까지 끊임없이 자라납니다. 아무리 좋은 것일지라도 우선순위가 바뀌면 좋은 흙의 영양분을 빼앗겨 버리게 된다는 것을 기억하십시오. 예수님은 먼저 그의 나라와 그의 의를 구하라고 말씀하셨습니다. 또한 친척과 부모, 형제자매,

심지어 우리 자신의 생명까지 미워해야 된다고 말씀하셨습니다. 왜입니까? 우리의 우선순위가 바뀌면 말씀의 역사가 우리 가운데 열매 맺지 못하기 때문입니다. 그러니 절대로 우선순위를 바꾸지 말라는 것입니다.

열매 맺히는 좋은 땅

네 번째는 열매가 맺히는 좋은 땅입니다.

"그러나 좋은 땅에 떨어진 씨는 말씀을 듣고 깨닫는 사람이다. 이 사람은 열매를 맺어 100배, 60배, 30배 결실을 낸다"(마 13:23).

좋은 땅은 씨앗을 잘 받아들여 뿌리 내리고 열매 맺게 하는 땅입니다. 이는 하나님의 말씀이 우리 마음속에 심겨 그분의 다스리심이 임하고, 그 말씀에 순종함으로 열매가 나타난다는 것입니다.

끊임없이 기경하라

우리는 이 네 가지 땅을 그렇게 살도록 운명 지어진 것이라고 해석해서는 안 됩니다. 어떤 사람은 평생 길가와 같은 심령으로, 어떤 사람은 돌밭과 가시덤불 같은 심령으로, 또 어떤 사람은 평생을 좋은 땅의 심령으로 살다가 죽도록 예정된 운명의 상태가 아니라는 것입니다. 우리 마음은 변화가 가능합니다. 계속해서 개선될 수 있습니다. 성경에 기록된 희망의 약속을 보십시오.

"네 스스로 의의 씨앗을 심고 인애의 열매를 거두며 묵은 땅을 잘 갈아라. 지금이 여호와를 찾을 때다. 마침내 그분이 와서 의의 비를 너희에게 내릴 것이다"(호 10:12).

하나님은 우리의 노력만 필요하다고 말씀하지 않으십니다. 의의 비를 내려 주신다는 것은 하나님이 우리와 함께하시겠다는 것입니다. 우리 영혼의 농부이신 하나님이 성령의 역사를 통해 묵은 땅같이 단단한 돌 같은 마음을 부수고 기경해서 좋은 밭이 되게 하실 것이라는 약속입니다.

우리 마음에는 이 네 가지 밭이 다 있습니다. 한쪽은 길가, 한쪽은 돌밭, 한쪽은 가시덤불 그리고 한쪽은 좋은 땅으로 이루어져 있습니다. 그렇기에 우리는 우리 마음을 끊임없이 기경해야 합니다. 하나님의 말씀이 계속해서 우리 마음에 잘 임하도록, 말씀의 역사가 우리 속에 깊이 뿌리 내리고 우리 삶에 열매로 나타나도록 우리는 계속해서 하나님의 은혜를 구해야 합니다. 포기하지 마십시오. 다른

사람에 대해 판단하지도 마십시오. 비록 길가와 돌밭, 또는 가시덤
불 같은 마음일지라도, 그 밭에 하나님의 말씀이 계속해서 들린다
면 변화될 수 있습니다. 우리는 이 믿음과 소망을 가지고 살아가야
합니다.

사랑의 하나님은

말씀이 낭비되는 것처럼 보이는 상황 속에서도

포기하지 않고 씨앗을 뿌리는 농부이십니다.

"예수께서는 또 다른 비유를 들어 말씀하셨습니다. '하늘나라는 어떤 사람이 자기 밭에 좋은 씨를 뿌린 것에 비유할 수 있다. 그런데 사람들이 모두 자고 있는 동안 원수가 와서 밀 가운데 가라지를 뿌리고 도망갔다. 밀이 줄기가 나서 열매를 맺을 때에 가라지도 보였다. 종들이 주인에게 와서 말했다. '주인님께서는 밭에 좋은 씨를 뿌리지 않으셨습니까? 그런데 도대체 저 가라지가 어디에서 생겨났습니까?' 그러자 주인이 대답했습니다. '원수가 한 짓이다.' 종들이 물었습니다. '저희가 가서 가라지를 뽑아 버릴까요?' 주인이 대답했습니다. '아니다. 가라지를 뽑다가 밀까지 뽑을 수 있으니 추수할 때까지 둘 다 함께 자라도록 내버려 두어라. 추수 때에 내가 일꾼들에게, 먼저 가라지를 모아 단으로 묶어 불태워 버리고 밀은 모아 내 곳간에 거두어들이라고 하겠다'"

(마 13:24-30).

4.
심판과 하나님 나라

인내와
기다림의
시간을 통한
구원의 은혜

악에 대한 하나님의 심판이 내 안에 있는 악을 포함하는 것이라면
그 대가를 치를 준비가 되어 있습니까?

예수님은 이 땅에 임한 하나님 나라를 설명하기 위해 비유로 말씀해
주셨습니다. 첫 번째 비유는 3장에서 살펴본 '씨 뿌리는 농부의 비
유'입니다. 예수님은, 하나님 나라는 말씀의 씨앗으로 사람들 마음
에 심겨져 풍성한 열매를 맺어야 하는데 밭의 상태에 따라 자라지
못하거나 열매 맺지 못하게 된다는 것을 비유로 말씀해 주셨습니다.
본문은 그 두 번째 비유로서 '밭에 가라지를 뿌리는 원수'의 비유입
니다. 이는 '씨 뿌리는 농부의 비유'의 속편이라고 할 수 있습니다.

농부는 자기 밭에 좋은 씨를 뿌렸습니다. 그런데 사람들이 자고 있
는 동안 원수가 밀 가운데 가라지를 뿌렸습니다. 처음에는 알지 못
했습니다. 그런데 줄기가 자라면서 열매를 맺을 때 가라지가 보이기

시작했습니다. 종들이 주인에게 와서 말합니다.

"주인님께서는 밭에 좋은 씨를 뿌리지 않으셨습니까? 그런데 도대체 저 가라지가 어디에서 생겨났습니까?"

그러자 주인은 단호하게 대답합니다.

"원수가 한 짓이다."

종들은 흥분하며 다시 질문합니다.

"저희가 가서 가라지를 뽑아 버릴까요?"

그러자 주인은 대답합니다.

"아니다. 가라지를 뽑다가 밀까지 뽑을 수 있으니 추수할 때까지 둘 다 함께 자라도록 내버려 두어라. 추수 때에 내가 일꾼들에게, 먼저 가라지를 모아 단으로 묶어 불태워 버리고 밀은 모아 내 곳간에 거두어들이라고 하겠다."

이 비유를 들은 제자들은 예수님에게 이것을 설명해 달라고 요청했습니다. 그래서 말씀해 주신 내용이 마태복음 13장 37-43절까지의 말씀입니다.

"예수께서 대답하셨습니다. '좋은 씨를 뿌린 사람은 인자다. 밭은 세상이고 좋은 씨는 하늘나라의 자녀들을 뜻한다. 가라지는 악한 자의 아들들이고 가라지를 뿌린 원수는 마귀다. 추수 때는 세상의 끝이며 추수하는 일꾼은 천사들이다. 가라지가 뽑혀 불태워지듯이 세상의 끝에도 그렇게 될 것이다. 인자가 자기 천사들을 보내면 천사들은 죄를 짓게 하는 모든 것들과 악을 행하는 모든 사람들을 그 나라에서 가려내 활활 타오르는 불 아궁이에 던져 넣을 것이다. 거기서 그들은 슬피 울며 이를 갈 것이다. 그때 의인들은 자기 아버지의 나라에서 해같이 빛날 것이다. 귀 있는 사람은 들으라.'"

씨 뿌리는 농부의 비유에서 밭은 사람들의 마음을 의미했습니다. 그런데 두 번째 비유에서는 세상을 의미합니다. 농부가 밭에 씨를 뿌린 것처럼 하나님은 이 세상 속에 씨앗을 뿌리심으로 하나님 나라를 이루신다는 것입니다. 이때 두 번째 비유에서의 씨앗은 바로 하나님의 자녀들입니다. 그런데 문제는 원수인 사탄도 씨앗을 뿌린다는 것입니다. 그는 가라지를 뿌림으로써 이 세상 속에 존재합니다. 하지만 예수님은 세상의 끝에는 가라지가 뽑혀 태워지는 심판이 있을 것이라고 분명히 말씀하셨습니다.

마지막 때의 심판에 대한 경고

심판은 확실히 있습니다. 창세 이후로 하나님이 행하신 많은 심판들은 장차 있을 최후의 심판의 경고와도 같습니다. 창세기 시대에 에녹은 동시대에 우주적인 심판의 날이 다가오고 있음을 예고했습니다. 솔로몬은 방탕한 사람들에게 "이 모든 것들에 하나님의 심판이 있다는 것을 알아라"(전 11:9)라고 경고했고, 시편 기자들도 자주 심판을 경고했습니다. 이 역사가 바로 심판이 존재한다는 증거입니다. 그런데 우리의 마음 또한 심판을 증거합니다. 무엇입니까? 양심의 가책입니다. 양심의 가책은 심판에 대한 예감인 것입니다. 심판이 없다면 두려움이 생길 필요가 없습니다. 그러니 양심의 가책 또한 느낄 필요가 없습니다. 그런데 사람들은 계속해서 무언가를 두려워하고 잘못을 저지르면 양심에 찔림을 받습니다. 이것이 바로 심판이 확실히 존재한다는 증거입니다.

예수님은 장차 세상을 심판하기 위해 다시 오실 것이라고 분명히 말씀하셨습니다. 그래서 우리는 사도신경을 통해 '산 자와 죽은 자를 심판하러 오시리라'고 고백합니다. 이 심판의 중심에는 다시 오실 예수 그리스도가 계십니다. 그런데 이렇게 분명한 심판이지만 사람들이 혼동하는 이유는 무엇입니까? 때로는 하나님의 섭리가 뒤죽박죽인 것처럼 보이기 때문입니다. 시편 73편을 보십시오. 기자는 악인의 형통에 대해 이해할 수 없다고 말합니다. 선한 자들은 세상에서 고통 받는데 악한 자들은 세상에서 형통하게 사는 것을 보며 하나님의 심판이 어디에 있느냐고 묻습니다. 이는 예수님의 비유에 나온 종들의 모습과도 같습니다. 가라지를 발견한 종들은 흥분하며 말합니다. "저희가 가서 가라지를 뽑아 버릴까요?" 그런데 더 흥분해야 될 주인은 오히려 종들을 말리며 말합니다. "추수할 때까지 둘 다 함께 자라도록 내버려 두어라."

이러한 종들의 모습에서 우리의 모습을 보게 됩니다. 우리는 종들처럼 하나님에게 이렇게 질문합니다. '하나님 나라가 임했다고 하는데 왜 세상에는 여전히 악이 존재합니까? 왜 세상에서 사탄이 여전히 활동하도록 내버려 두십니까? 왜 하나님은 행동하지 않으십니까? 예수님이 오셨을 때 왜 바로 세상의 모든 악을 완전히 제거하지 않으셨습니까?' 저는 이 질문을 던지는 사람들에게 역으로 던지고 싶은 질문이 있습니다. '하나님이 이 세상을 즉각적인 심판으로 통치하신다면 만족하겠습니까? 사람들의 생각과 행동을 하나님이 공의의 기준으로 즉각 심판하신다면, 그리고 필요할 경우 세상을 끝내 버리신다면 만족하겠습니까?'

가라지를 내버려 두는 이유

주인은 왜 가라지를 즉시 뽑아 버리지 말고 추수 때까지 내버려 두라고 했을까요? 이것이 이 비유를 통해 주시는 가장 중요한 교훈입니다. 종들은 즉시 뽑아 버리기를 바랐지만 주인은 추수 때까지 연기하라고 결정했습니다. 하나님 나라는 역사 속에 임해서 현재 존재하지만 아직 완전히 임한 것은 아닙니다. 완전한 도래는 보류 상태입니다. 하나님 나라의 씨는 이미 심겨져 자라고 있지만 아직 추수 때는 이르지 않았다는 것입니다. 그런데 그 사이에 원수도 함께 일한다고 말씀합니다. 농부이신 하나님이 좋은 씨앗을 밭에 심으실 때 그 동일한 밭에 원수인 사탄도 가라지를 심음으로 함께 일한다는 것입니다. 사탄은 모방하며 일합니다. 진짜 같은 가짜를 만들어 밤에 몰래 뿌려 놓습니다. 문제는 이 둘을 구분하기가 쉽지 않다는 것입니다. 그래서 이 땅에는 하나님 나라가 임했음에도 불구하고 악이 함께 존재하는 것입니다.

하나님의 사람들은 왜 저 악을 빨리 제거하지 않느냐며 조급해합니다. 하지만 하나님은 이 기간을 통해 하나님 나라가 어떻게 존재하는지를 말씀해 주십니다. 하나님 나라는 단번에, 온전히 임하지 않습니다. 하나님 나라는 마지막 심판의 날까지 씨앗이 자라나 열매 맺음을 향해 나아가듯 수많은 과정을 거치며 완성됩니다. 그 과정 안에는 물론 가라지도 있을 것입니다. 그래서 먼저 그의 나라와 의를 구하라고 말씀하시는 것입니다. '구하라'라는 단어는 '찾으라'로 바꿔 읽을 수도 있습니다. 하나님 나라를 왜 찾으라고 하십니까? 세상의 시각, 세상의 세계관과 가치관으로는 하나님 나라가 보이지 않기 때문입니다. 우선순위가 올바르지 않으면 하나님 나라가 보이지 않기 때문입니다. 가라지를 열매로 착각할 수도 있기 때문입니다.

> "주인이 대답했습니다. '아니다. 가라지를 뽑다가 밀까지 뽑을 수 있으니'"
>
> (마 13:29).

이것이 가라지를 뽑지 못하게 한 첫 번째 이유입니다. 종들은 알곡과 가라지를 정확하고 완벽하게 분리할 수 없기 때문입니다. 주인이 종들에게 가라지를 뽑지 않도록 하는 이유는 알곡을 보호하기 위함입니다. 사실 가라지라고 번역된 이 단어는 '독보리'라는 밀의 변종으로, 겉으로 볼 때는 밀과 아주 흡사하게 보인다고 합니다. 하지만 구별하지 못해서 뽑지 못하는 것은 아닙니다. 뽑지 못하는 이유는 뿌리 때문입니다. 두 식물의 뿌리가 한 곳에 얽혀 있어 밀에 손상을 주지 않고는 독보리를 뽑아 낼 수 없기 때문입니다. 하나님도 마찬가지십니다. 세상에서 완전히 악을 제거하지 않으시는 이유는, 악을 제거하려다가 알곡도 큰 피해를 입을 수 있기 때문입니다. 그래서 추수 때까지 버려두었다가 그때 분리해서 처리하신다는 것입니다.

어떤 사람들은 교회 안에서 교리적인 순수성을 철저히 만들고 지킴으로써 알곡과 가라지를 구별할 수 있다고 주장합니다. 물론 우리가 믿는 교리를 정확하고 분명하게 깨닫는 것은 중요합니다. 그러나 그 자체로 알곡과 가라지를 구별할 수 있다고 생각하는 것은 종들의 교만입니다. 아이러니하게도 역사상 가장 많은 분열은 교리적 순수성을 강조하는 사람들에게서 일어났습니다. 인간이 생각하고 만든 교리는 완벽할 수 없기 때문입니다.

어떤 사람들은 교회의 규례와 제도를 엄격하게 만들어서 따름으로 알곡과 가라지를 구별할 수 있다고 주장합니다. 하지만 어떤 극

단적인 제도를 통해 순수함을 유지하려 하다 보면 때로는 유익함보다 도리어 해를 끼칠 수가 있습니다. 그렇기 때문에 어떤 사람들은 교회의 규모를 아주 작게 만들어서 알곡만을 세워야 한다고 주장합니다. 그러나 여기서 간과한 것은, 규모의 크기와 상관없이 알곡과 가라지는 공존하기 마련이라는 것입니다. 그리고 알곡 신자를 만든다는 기준 자체가 인간들의 교만이라는 것입니다. 이처럼 사람들은 알곡과 가라지를 구별할 수 있는 능력이 충분하지 않습니다.

가라지를 뽑지 못하게 한 두 번째 이유는 무엇입니까? 이 가라지 같은 악이 바로 우리 안에도 있기 때문입니다. 알곡으로 심어진 우리 안에도 가라지 같은 악이 여전히 존재하기 때문입니다. 바울은 선을 행하기 원하는 자신에게 악이 함께 있다고 고백했습니다. 선을 행하길 원하는데 악을 행하게 된다는 것입니다. 앞에서도 말했지만, 사람들은 종종 하나님에게 묻습니다. '하나님이 세상에 악을 내버려 두시는 이유는 무엇입니까? 침묵하지 마시고 세상의 모든 악을 쓸어 버려 주셔야 하지 않습니까?' 이렇게 질문하는 자들에게 하나님은 다시 질문하십니다. '내가 정말 그렇게 하길 원하느냐? 그럼 너도 대가를 치를 준비가 돼 있느냐? 세상에 있는 악을 징벌하면 너도 함께 망할 텐데, 준비되어 있느냐?' 악에 대한 하나님의 심판이 내 안에 있는 악을 포함하는 것이라면 우리는 그 대가를 치를 준비가 되어 있는가라는 질문을 스스로에게 던져 볼 필요가 있습니다.

세 번째 이유는 무엇입니까? 원수가 심어 놓은 가라지까지도 알곡으로 변화되기를 기대하고 원하기 때문입니다. 알곡과 가라지는 서로 변화되지 못하지만, 우리는 이것이 비유임을 기억해야 합니다. 알곡과 가라지로 비유되는 사람도 변화될 수 있습니다. 어거스틴(St. Augustine)은 "오늘 가라지인 사람이 내일 곡식이 될 수도 있다"고 말했습니다. 하나님이 이 추수 때의 심판을 지연시키고 내버려 두시는 이유가 바로 여기에 있습니다. 가라지와 같은 인생들도 알곡으로 변화되는 일들이 일어나고 있기 때문입니다. 성령의 역사는 바로 이 일을 위해서 이루어지는 것입니다.

하나님의 인내와 기다리심

언젠가 제자들이 예수님을 반기지 않는 사마리아의 한 마을을 두고 예수님에게 이런 요청을 한 적이 있습니다.

"주여, 우리가 하늘에서 불을 불러 이 사람들을 멸망시켜 달라고 할까요?"(눅 9:54)

제자들의 이러한 요청에 예수님은 그들을 꾸짖으셨습니다. 예수님의 구원에는 사마리아인들도 포함되어 있기 때문입니다. 예수님이 십자가에서 대신 죽으신 이들이 바로 이러한 가라지들이기 때문입니다. 우리는 세상의 가라지들이라고 판단하며 지금 당장 불이 내리도록 기도하고 있지만, 하나님은 인내하시며 그들도 변화되기를 기다리고 계신 것입니다.

그래서 이 비유의 핵심은 인내입니다. 기다림입니다. 하나님 나라가 임했으나 아직 온전히 임하지 않은 까닭은 가라지가 알곡으로 변화되기를 기다리시는 하나님의 인내 때문입니다. 리처드 백스터(Richard Baxter)는 "우리는 불경건한 자들에 대한 하나님의 인내를 오해해서는 안 된다"라고 말했습니다. 우리는 세상의 가라지들을 보면서 하나님을 무능력한 분으로, 또는 선하지 않은 분으로 오해하고 몰아세우는 경향이 있습니다. 그러나 하나님은 사람들로부터 이러한 불명예스러운 말을 들으면서도 인내하고 계십니다.

하나님은 능력이 없어 세상의 가라지를 방치하시는 것이 아닙니다. 하나님은 기다리시며, 악과 원수와 싸우시며 가라지들을 구원하는 일을 지금도 행하고 계십니다. 아직 악과 함께 멸망돼서는 안 되는 이들이 있기 때문입니다. 그러나 언젠가 이 모든 것이 완전히 분리될 때가 올 것입니다. 의인들은 아버지의 나라에서 해와 같이 빛날 것이며, 그리스도의 생명을 받은 자들은 우리의 생명이신 그리스도가 나타나실 때 그와 함께 영광 중에 변화될 것이고, 가라지들은 심판에 처하게 될 것입니다.

우리는 마지막 때, 곧 완전한 하나님 나라의 임재를 기다리며 살고 있습니다. 지금이 바로 선교의 때요, 잃어버린 영혼을 구원해야 할 시기입니다. 아버지의 기다리심과 같은 기다림과 인내를 통해 한 영혼, 한 영혼을 구원해야 합니다. 이미 왔으나 아직 오지 않은 하나님 나라가 오기까지 우리는 맡겨진 사명을 감당하며 다시 오실 그리스도를 기다려야 할 것입니다.

"예수께서 또 다른 비유를 들어 말씀하셨습니다. '하늘나라는 사람이 자기 밭에 가져다가 심어 놓은 겨자씨와 같다. 겨자씨는 모든 씨앗들 가운데 가장 작은 씨앗이지만 자라면 모든 풀보다 더 커져서 나무가 된다. 그래서 공중에 나는 새들이 와서 그 가지에 깃들게 된다.' 예수는 또 다른 비유를 들어 말씀하셨습니다. '하늘나라는 여인이 가져다가 밀가루 3사톤에 섞어 온통 부풀게 하는 누룩과 같다'"(마 13:31-33).

5.
생명과 하나님 나라

신앙이란 작은 씨앗을 붙잡고
그 안에 있는 생명력을 믿는 것입니다.

신앙은 삶의 액세서리나 문화생활의 연장이 아닙니다. 생명이요, 삶과 죽음의 문제입니다. 그중 핵심은 예수님이 말씀하신 하나님 나라입니다. 하나님 나라 안에서는 생명이요, 하나님 나라 밖에서는 죽음입니다. 그래서 하나님 나라는 우리에게 엄중한 결단을 요구합니다. 우리의 존재 자체가 변화될 것을 요구하는 것입니다. 왜냐하면 하나님 나라는 우리의 존재가 들어가는 곳이기 때문입니다. 그것은 오직 십자가의 구속으로만 가능합니다. 십자가의 구속은 하나님의 생명을 우리 안에 심어 줍니다. 우리의 옛 생명이 그리스도의 십자가와 함께 제거되고 우리 안에 하나님의 새 생명이 태어나게 해 이제는 우리가 그 생명으로 자라고 살게 합니다. 그것이 바로 영생입니다.

따라서 우리 믿음의 삶은 철저히 하나님의 생명이 우리 안에서 역사하시는 것입니다. 그래서 기독교 신앙은 우리의 자연적인 성품을 어떻게 뜯어고칠 것인가의 문제가 아니라, 우리 안에서 새롭게 창조된 하나님의 새 생명 가운데서 자라는 것, 그래서 그리스도 안에서 그리스도에게 속한 덕을 의지하며 믿음으로 살아가는 것입니다.

본문은 하나님 나라에 대한 세 번째 비유입니다. 예수님은 하나님 나라의 생명력을 겨자씨와 누룩의 비유로 설명해 주셨습니다. 앞서 살핀 두 가지 비유와 마찬가지로 세 번째 비유에도 씨앗이 등장합니다. 그런데 비유마다 다른 의미로 사용됩니다. 첫 번째 비유에서는 씨앗이 말씀으로, 두 번째 비유에서는 씨앗이 하나님의 자녀, 곧 하나님의 백성으로 해석됐습니다. 세 번째 비유인 겨자씨 비유에서는 씨앗이 곧 하나님 나라를 의미합니다. 하나님 나라의 생명력을 겨자씨를 가지고 설명해 주십니다.

겨자씨의 비유

"예수께서 또 다른 비유를 들어 말씀하셨습니다. '하늘나라는 사람이 자기 밭에 가져다가 심어 놓은 겨자씨와 같다. 겨자씨는 모든 씨앗들 가운데 가장 작은 씨앗이지만 자라면 모든 풀보다 더 커져서 나무가 된다. 그래서 공중에 나는 새들이 와서 그 가지에 깃들게 된다'"(마 13:31-32).

하나님 나라는 겨자씨와 같이 아주 작은 상태로 시작하지만 성장하는 과정을 통해 크게 이 땅에 임하게 될 것이라는 말씀입니다. 본문 32절은 '모든 씨앗들 가운데 가장 작은 씨앗'이라고 말씀합니다. 그러면서 그 씨앗이 커져서 나무가 되면 '공중에 나는 새들이 와서 깃들게 된다'고 말씀합니다. 생물학적으로 따져 보면 틀린 말씀처럼 보입니다. 왜냐하면 겨자씨보다 더 작은 씨앗도 있기 때문입니다. 또 이 겨자 나무는 우리가 생각하는 만큼 두꺼운 나이테와 울창한 가지를 가진 아름드리나무가 아니기 때문입니다. 최고로 큰 겨자 나무는 4미터 정도고, 대개는 그 높이가 1-2미터 정도에 머문다고 합니다. 따라서 이는 숙어적인 표현입니다. 당시 사람들은 아주 작은 것을 빗대어 말할 때 '겨자씨 같다'라는 관용적 숙어를 사용했습니다. 예수님도 믿음의 아주 작은 영역을 설명하시며 '겨자씨 같은 믿음'이라고 말씀하신 것입니다.

불안한 시작

하나님 나라는 겨자씨처럼 아주 작고 미미한 모습으로 시작되었습니다. 예수님의 탄생을 보십시오. 로마 제국의 한복판, 베들레헴의 구유에 놓이신 아기 예수님은 세상이 주목하지 않는, 누군가의 돌봄이 필요한 아주 작고 연약한 상태로 세상에 오셨습니다. 마치 겨자씨처럼 너무나 미미하고 영향력이 없어 보이는 모습입니다. 예수님의 죽음은 어떻습니까? 예수님은 너무나 무능력하고 연약해 보이는 모습으로 십자가에 달려 돌아가셨습니다. 세상 사람들은 힘과 세력을 내보여야 믿습니다. 그래서 예수님이 십자가에서 무능력한 모습으로 못 박혀 돌아가시자 사람들은 모두 그를 떠났습니다. 심지어 제자들도 떠났습니다. 실망한 것입니다. 사람들이 기대했던 하나님 나라는 그렇게 연약한 모습이 아니었습니다. 그들은 하나님 나라가 크고 웅장하고 강력한 힘을 가진 모습으로 나타나야 한다고 생각했습니다. 그래서 그들은 구유에 누이신 아기 예수님을 보고 하나님의 아들이라 믿고 받아들이기를 거절했던 것입니다.

그런 의미에서 겨자씨와 같이 작게 시작한 하나님 나라는 우리에게 위기를 만들어 냅니다. 무슨 위기입니까? 예수님 당시의 사람들처럼 세상적인 시각으로 하나님 나라를 바라보려 하면 발견하지 못하게 되는 위기입니다. 그들은 자신들이 기대하는 웅장한 모습이 아니라며 많은 무리가 예수님을 떠났습니다. 오늘날에도 같은 시각으로 하나님 나라를 찾는 이들이 있다면, 그들은 하나님 나라를 발견하지 못할 것입니다. 하나님 나라를 바라보지 못하고 발견하지 못한다는 건 다른 말로 하나님 나라에 들어가지 못한다는 것입니다. 이것이야말로 위기 중의 위기라 할 수 있습니다. 신앙은 이러한 위기 가운데 참가치를 발견하고 믿음을 고백하는 것입니다. 신앙이란 작은 씨앗을 붙잡고 그 안에 있는 생명력을 믿는 것입니다. "씨앗을 붙잡고 새소리를 들으라"는 말이 있습니다. 씨앗 가운데 있는 생명력을 믿기에 그 씨앗이 큰 나무로 자라나 그 안에 깃들 새소리를 믿음으로 들을 수 있는 시각이 있어야 한다는 것입니다.

작고 미미한 모습으로 시작된 겨자씨와 같은 하나님 나라는 또한 하나님의 위대하신 능력을 보여 줍니다. 작고 미미한 씨앗 가운데 생명을 불어넣어 자라게 하시는 분은 하나님이십니다. 하나님의 능력만이 생명을 주어 자라게 할 수 있습니다. 사람이 씨앗 안에 생명을 부여할 수 있습니까? 인간의 과학 기술이 아무리 발전해도 인간이 씨앗을 창조할 순 없습니다. 생명력 있는 씨앗은 기존의 씨앗에 있던 생명으로부터 생명이 연결, 재생산되는 것입니다. 이는 놀라운 하나님의 창조의 생명력이 그 씨앗 안에 담겨 있기 때문입니다. 하나님 나라도 마찬가지입니다. 하나님 나라는 사람에 의해 만들어지는 것이 아닙니다. 하나님 나라는 하나님의 생명의 역사로 만들어집니다. 하나님은 다만 그 뜻에 순종하는 우리를 사용하실 뿐입니다.

보장된 생명의 능력: 하나님 나라의 성장

하나님 나라는 겨자씨처럼 작게 시작해서 새들이 와서 깃드는 큰 나무로 성장합니다. 씨앗 자체에 있는 생명력으로 자라고 변화되고 영향을 미치는 것입니다. 이 땅에서 하나님 나라가 성장한다는 것은 두 가지 의미를 가지고 있습니다. 첫째는, 예수 그리스도를 믿어 하나님 나라의 백성이 되는 사람들, 즉 그리스도인들이 많아진다는 것

입니다. 하나님 나라의 성장은 그리스도인들의 확장입니다. 하나님
이 아브라함을 부르셔서 무엇을 약속하셨습니까?

"내가 너를 큰 민족으로 만들고 네게 복을 주어 네 이름을 크게 할 것이니
네가 복의 근원이 될 것이다"(창 12:2).

큰 민족, 곧 수적 성장입니다. 아브라함의 자손들이 하늘의 별과
바다의 모래처럼 많아질 것이라는 약속입니다. 그리고 어느 정도 많
은 민족을 이루었습니다. 그러나 실제로 이스라엘 민족이 하늘의 별
과 바다의 모래처럼 많다고 할 수 있습니까? 아닙니다. 그것은 예수
그리스도를 믿는 아브라함의 자손을 말씀하신 것입니다(갈 4장 참조).
열두 명의 제자들이 수십만 명으로 성장했을 때 로마 제국은 하나
님 나라의 생명력 앞에 무릎을 꿇었습니다. 어떤 정치적 집회를 통
해 기독교를 인정한 것이 아닙니다. 하나님 나라의 생명력 앞에 무
릎을 꿇은 것입니다. 그것을 착각했을 때 중세 교회가 일어났습니
다. 하나님 나라의 역사는 어쩌다 한 번 큰 광장에 모여 구호 몇 번
외친다고 되는 게 아닙니다. 겨자씨처럼 조용하게 자라나 어느새 큰
나무를 이루는 방식으로 이루어집니다. 생명이 있다면 자라게 되어
있습니다. 한 영혼, 한 영혼씩 믿는 이들이 늘어나 결국엔 수없이 많
은 이들이 참여하고 영향을 미치게 되는 그런 하나님 나라의 생명의
번식, 이것이 바로 하나님 나라의 성장 방식입니다.

전도란 우리가 해야 하는 것 이전에 할 수밖에 없는 것 이전에 하게 되는 것입니다. 생명은 내 안에만 머무를 수 없기 때문입니다. 생명이 있으면 반드시 움직이고 자라서 영향을 미칠 수밖에 없기 때문입니다. 나처럼 예수 믿는 이들을 내가 만드는 것이 아닙니다. 내 안에 있는 하나님의 생명, 곧 겨자씨 같은 믿음이 자라나 큰 나무의 신앙이 되어서 많은 새, 곧 믿지 않는 많은 생명이 깃들어 믿음의 신앙으로 자라게 되는 것입니다. 우리는 이런 생명의 번식, 생명의 성장, 생명의 확장이라는 시각으로 우리의 믿음을 바라봐야 합니다.

보장된 생명의 능력: 그리스도인의 성숙

이 땅에서 하나님 나라가 성장한다는 두 번째 의미는, 예수 그리스도를 믿는 사람들의 고백이 더욱 깊어진다는 것입니다. 이는 수적인 확장만이 아니라 질적인 성숙도 함께 일어난다는 것입니다. 신약의 바울서신들은 대개 주후 40년경에 기록되었습니다. 복음서에 나타난 예수님에 대한 제자들의 고백과 서신서에 나타난 바울의 고백에는 현격한 차이가 있습니다. 처음에 예수님을 따르던 사람들은 예수님을 선생님, 랍비, 그리고 궁극적으로는 주님이라고 불렀습니다. 그러나 에베소서 같은 서신서를 보십시오. '모든 권세와 능력, 모든 주권보다 뛰어나신 분, 만물이 복종해야 되는 분, 교회의 머리이신 분'과 같이 예수님에 대한 고백이 깊어지는 것을 알 수 있습니다. 그리스도를 아는 지식에서 점점 자라 가고 있음을 보여 주는 것입니다.

하나님 나라의 성장은 교회에 등록된 사람들이 많아지는 것만을 의미하지 않습니다. 한 영혼, 한 영혼의 예수 그리스도에 대한 깊은 고백, 정확한 고백, 성숙한 고백이 더 깊어지는 것입니다. 삶의 성숙이 이루어지는 것입니다. 복음서의 제자들은 십자가를 향하시는 예수님 옆에서 누가 더 크냐며 자리싸움을 했습니다. 그러나 사도행전에서는 자기의 재산을 자기 것이라 생각하지 않고 서로를 돌보는 사랑의 공동체로 변화되었습니다. 하나님 나라는 몇 십 년 만에 단지 수적인 성장만이 아니라 영혼의 질적 성숙을 이루게 된 것입니다. 그리고 그것이 그리스도에 대한 깊이 있는 고백을 가능하게 한 것입니다.

성장과 성숙으로 익어 가는 겸손의 열매

예수님에 대한 깊이 있는 고백은 반드시 자신에 대한 깊은 겸손으로 나타납니다. 이 둘은 서로 연결되어 있기 때문입니다. 칼뱅(Jean Calvin)의 《기독교 강요》 제1장이 그것을 말합니다. 하나님을 아는 지식과 자신을 아는 지식이 서로 연결되어 있다는 것입니다. 그리스도를 아는 지식에서 자라 가는 것은 바로 나 자신이 어떤 존재인지를 깊이 알아 가는 것입니다. 그래서 사도 바울의 서신서에 나타난 고백들을 보면 예수님에 대한 깊이 있는 고백이 달라짐과 동시에 자기 자신에 대한 고백 또한 달라지는 것을 알 수 있습니다.

비교적 초반부에 쓰인 고린도전서 15장을 보십시오. 바울은 자신을 '달이 차지 못한 채 태어난 사람'(8절)이라고 표현합니다. 덜 떨어지고 많이 부족하다는 것입니다. 이어지는 9절에서는 '사도들 가운데 가장 작은 사람', '사도라 불릴 자격도 없는 사람'이라고 표현합니다. 그러다 로마서 7장에서는 '나는 비참한 사람'(24절)이라고 말하고, 디모데전서 1장에서는 '죄인 가운데 내가 가장 악한 사람'(15절), 그리고 빌립보서 1장에서는 '살든지 죽든지 내 몸을 통해서 그리스도가 위대하게 되시는 것'(20절)을 원한다고 고백합니다. 자기 자신에 대한 고백이 점점 겸손해짐을 알 수 있습니다. 이는 그리스도에 대한 정확하고 깊이 있는 고백이 결국 자기 자신의 겸손으로 깊어진 것입니다. 믿음의 깊이가 점점 깊어진다는 것은 결국 나를 의지하지 않고 하나님의 능력을 의지하는 삶으로 나아간다는 것입니다. 내가 어떤 능력을 가지고 있느냐보다 더 중요한 것은 예수님을 어떤 분으로 알고 고백하느냐입니다. 만일 그분을 온전히 고백하고 믿는다면 내가 할 수 없는 일, 그렇지만 나를 통해 일하시고자 하는 하나님의 능력이 나타나게 될 것입니다.

자기 자신을 제한하는 것은 곧 하나님을 제한하는 것입니다. J. B. 필립스(J. B. Phillips)의 《당신의 하나님은 너무 작다》(비전북출판사 역간)라는 책이 있습니다. 그는 우리 안에 있는 불순종과 의심이 하나님이 당신의 나라의 성장과 확장을 위해서 사용하기 원하시는 우리 자신을 스스로 제한하게 한다고 말합니다. 그러면서 이것이 바로 교만이라고, 하나님은 교만한 자가 아닌 겸손한 자를 통해 놀라운 일을 행하신다고 말합니다. 겸손한 자가 하나님의 쓰임을 받는다는 것입니다.

누룩의 비유

이렇게 하나님 나라가 자라면 자기 자신만이 아닌 주변 세상에 영향을 미치게 되어 있습니다. 그래서 이러한 진리를 그다음 연이어서 누룩의 비유에서 다시 설명해 주시는 것입니다.

> "예수는 또 다른 비유를 들어 말씀하셨습니다. '하늘나라는 여인이 가져다가 밀가루 3사톤에 섞어 온통 부풀게 하는 누룩과 같다'"(마 13:33).

'사톤'은 헬라 시대의 물량의 단위로, 3사톤은 32.4리터 정도를 뜻합니다. 앞선 겨자씨의 비유에서 겨자씨는 성장을 의미하지만, 누룩은 밀가루 반죽을 변화시키는 영향력을 의미합니다. 성경의 다른 곳에서는 누룩이 죄와 위선 또는 거짓을 상징하는 부정적인 의미로 사용되었습니다. 하지만 이 비유에서는 긍정적인 의미로 사용되고 있습니다. 적은 누룩이지만 많은 양의 밀가루를 변화시킨다는 것입니다.

사실 자연의 물량적인 법칙으로 보면 대개는 많은 것이 적은 것에 영향을 미칩니다. 예를 들어, 많은 더러운 물에 적은 양의 깨끗한 물을 부으면 깨끗한 물도 더럽게 됩니다. 또한 나쁜 흙에 좋은 흙을 부어 섞으면 좋은 흙도 나쁜 흙이 되고 맙니다. 이처럼 많은 것이 적은 것에 영향을 미치는 경우가 대부분입니다. 하지만 정반대의 경우도 있습니다. 소금을 보십시오. 바닷물에서 소금이 차지하는 비율은 3.5퍼센트에 불과합니다. 하지만 물보다 적은 양의 소금이 섞였음에도 물 전체가 짠맛을 냅니다. 빛은 어떻습니까? 짙은 어둠 속에 있어도 작은 빛이 비치면 빛이 어두움에 영향을 미쳐 점점 밝아지는 것을 볼 수 있습니다. 누룩도 마찬가지입니다. 적은 양이지만 많은 양의 밀가루 반죽을 부풀게 할 수 있을 만큼 큰 영향을 주는 것입니다.

하나님 나라가 이와 같습니다. 하나님 나라는 많은 것이 적은 것을 삼키는 영역이 아닙니다. 하나님 나라는 소금처럼, 빛처럼 그리고 누룩처럼 아무리 작고 미미해 보여도 결국엔 더 많은 것에 영향을 미치고 변화시키는 능력 있는 나라입니다. 왜입니까? 하나님 나라에는 생명이 있기 때문입니다. 그리스도 안에 있는 진정한 힘은 생명에서 나옵니다. 살아 있는 진리에서 나옵니다. 그렇다면 문제는 세상이 험하고 악한 것이 아닙니다. 우리 안에 하나님의 생명이 살아 있느냐 살아 있지 못하느냐입니다. 이것이 하나님이 이 겨자씨와 누룩의 비유를 통해 우리에게 경고하시고 또한 격려하시는 내용입니다.

오늘날 교회가 주변으로 밀려나 아무런 영향력이 없는 것처럼 보입니다. 하지만 그러한 현상은 두려워할 문제가 아닙니다. 우리는 우리 안에 하나님의 생명이 있느냐 없느냐를 생각해야 합니다. 우리가 소금과 빛과 누룩의 존재를 회복한다면 그 영향력은 저절로 미쳐지게 되어 있습니다. 영향력은 노력해서 미쳐지는 게 아닙니다. 나타나는 것입니다. 중요한 것은 우리 안에 하나님의 생명이 있느냐, 생명이신 그리스도가 있느냐는 것입니다. 생명이신 그리스도가 우리 안에 계시고 우리가 그분 안에 온전히 거할 때 우리 안에 임한 하나님 나라의 생명은 겨자씨처럼 자라나 큰 나무로 변화될 것입니다. 그러면 우리는 우리가 할 수 없는 일을 하게 될 것이고, 하나님은 우리를 통해 당신의 나라를 이루어 가실 것입니다.

—

하나님 나라의 역사는

어쩌다 한 번 큰 광장에 모여 구호 몇 번 외친다고 되는 게 아닙니다.

겨자씨처럼 조용하게 자라나

어느새 큰 나무를 이루는 방식으로 이루어집니다.

생명이 있다면 자라게 되어 있습니다.

—

"하늘나라는 밭에 숨겨진 보물과 같다. 어떤 사람이 그것을 발견하고는 감추어 두고 기뻐하며 돌아가 모든 재산을 팔아서 그 밭을 산다. 또 하늘나라는 좋은 진주를 찾아다니는 상인과 같다. 그는 값진 진주를 발견하고 돌아가 모든 재산을 팔아서 그것을 산다"(마 13:44-46).

6.
헌신과 하나님 나라

영원한 가치를
위해 영원하지
않은 것을
포기하는 삶

영원한 것을 얻기 위해 영원히 가질 수 없는 것을 내려놓는 것은
어리석은 일이 아니라 지혜로운 투자입니다.

복음서를 읽다 보면 예수님이 하나님 나라의 진리를 가능한 한 모든
영역을 통해 설명하고 계시다는 것을 알 수 있습니다. 누구나 이 진
리를 깨닫게 하시기 위함입니다. 하나님의 진리는 모든 영역에서의
진리입니다. 포스트모던 시대라 불리는 오늘날 철학의 가장 중요한
모순은 진리를 두 토막으로 나눠 버린 것입니다. 진리를 소위 공적
영역과 사적 영역으로 나누어 과학과 실험으로 증명할 수 있는 것은
공적인 영역에서의 진리요, 그 외의 윤리나 종교에 속한 것은 사적
인 영역에서의 진리라고 구분지어 버린 것입니다. 이는 참으로 모순
된 진리관이 아닐 수 없습니다. 진리라고 말할 수 있으려면 어느 영
역에 있든지 다 진리가 되어야 합니다. 과학에서뿐만이 아니라 개인

의 삶 속에서도 모든 영역에서 진리여야 하는 것입니다.

예수님은 본문에서 비즈니스 영역의 원리를 사용하셔서 하나님 나라의 진리를 설명하셨습니다. 우리는 대개 '비즈니스'라는 말을 안 좋게 사용하는 경향이 있습니다. 그것은 이익을 목적으로 누군가를 이용하려고 할 때 비즈니스적이라는 표현을 사용하기 때문입니다. 이는 비즈니스 자체를 그릇되게 보는 매우 잘못된 시각입니다. 예수님이 비즈니스의 원리를 통해 하나님 나라의 비유를 설명하셨다는 것은, 비즈니스 원리 속에서도 하나님의 진리를 발견할 수 있고, 반대로 진리의 원리를 따라 행할 때 그 비즈니스가 성공적으로 이루어질 수도 있다는 것입니다. 이것은 하나님 나라의 진리, 또 성경의 진리가 얼마나 총체적이고 온전한 것인가를 설명해 주는 것입니다.

가치를 발견한 사람의 마땅한 행동

본문에는 두 가지 비유가 나타납니다. 첫 번째는 '밭에 숨겨진 보물의 비유'고, 두 번째는 '좋은 진주의 비유'입니다. 이 두 가지 비유는 동일한 교훈을 주면서 서로 다른 각도에서 보완해서 설명해 주기 때문에 연이어서 주신 것입니다.

먼저 첫 번째 비유를 살펴봅시다.

"하늘나라는 밭에 숨겨진 보물과 같다. 어떤 사람이 그것을 발견하고는 감추어 두고 기뻐하며 돌아가 모든 재산을 팔아서 그 밭을 산다"(마 13:44).

어느 소작농이 밭을 갈고 있었습니다. 겉으로 볼 때는 다른 농장과 동일하게 보이는 평범한 밭이었습니다. 늘 하던 대로 밭을 가는데 쟁기 끝에 무엇인가 걸리는 느낌이 들었습니다. 파 보니 그 안에 상자가 있는데 상자를 열어 보니 온갖 귀한 보물들이 가득 차 있었습니다. 그 당시 밭에 보화를 감추는 것은 매우 흔한 일이었습니다. 오늘날과 같이 은행 업무가 발달되지 않은데다가 늘 전쟁과 약탈의 위협 속에 있었기 때문에 그 당시에는 땅에 감추어 두는 것이 가장 안전한 방법이었습니다. 요세푸스(Flavius Josephus)라는 역사가는 예루살렘이 멸망한 주후 70년 이후의 상황을 이렇게 묘사합니다.

"그 도시(예루살렘)에 있던 적지 않은 재물들이 폐허 속에서 발견되었다. 로마인들이 그것을 많이 파냈다. 그것은 유대인들의 소유로 전쟁의 불확실한 상황에 대비하기 위해 땅속에 파묻어 두었던 금과 은과 귀한 가구들이었다."

유대 랍비들의 율법에 의하면 소유주가 확실하지 않은 귀중품이 발견되었을 때 그것은 발견한 사람의 소유로 인정되었습니다. 그러나 법적인 사안이 발생할 수 있어 보물을 발견한 농부는 그날로 그 밭을 자신의 땅으로 매입하기로 결정했습니다. 보화가 숨겨진 밭은 주인이 부르는 대로 값을 치러도 무방할 만큼 가치가 있었을 것입니다. 이 사람은 자신의 모든 재산을 다 모아 팔았습니다. 어쩌면 돈이 부족해서 빌렸을 수도 있을 것입니다. 주변 사람들은 요즘같이 부동산 경기가 나쁠 때 왜 그런 밭을 비싼 가격에 사느냐며 비웃었을 수도 있습니다. 그러나 그는 흔들리지 않고 자신의 모든 소유를 다 팔아 그 밭을 샀습니다. 그리고 드디어 주인이 되었습니다.

이 비유에 나오는 소작농은 농부지만 사실은 농부처럼 보이는 사업가입니다. 그는 밭에 숨겨진 보물을 발견하고는 결단을 내렸습니다. 그 밭을 자기 소유로 만들어 그 보물을 자기의 것으로 삼는 매우 사업가적인 선택을 한 것입니다. 그는 모든 대가를 지불하고 더 엄청난 보물을 얻게 되었습니다. 큰 이익을 얻게 되는 사업에 성공한 것입니다.

두 번째 비유는 무엇입니까?

"또 하늘나라는 좋은 진주를 찾아다니는 상인과 같다. 그는 값진 진주를 발견하고 돌아가 모든 재산을 팔아서 그것을 산다"(마 13:45-46).

그 당시 진주는 값진 보석 중에 하나였습니다. 금이나 은, 다이아몬드 같은 보석은 가공을 많이 해야 하지만 진주는 많은 가공이 필요 없는, 그 자체로 완성도가 높은 보석이었습니다. 요즘처럼 양식업이 발달하지 않았던 당시에는 지금보다 더 값지고 귀했을 것입니다. 이 값진 진주를 찾아다니던 상인이 있었습니다. 진주를 취급하는 것으로 볼 때 평범한 상인은 아니었던 것 같습니다. 아마도 배를 타고 먼 곳까지 왕래하면서 무역하는 도매상인이었을 것입니다. 여기서 '상인'이라는 단어는 '큰 무역업을 할 수 있는 재력 있는 상인'을 뜻합니다.

이 상인은 지금까지 보지 못한 값진 진주를 발견했습니다. 그 진주는 그가 가진 모든 것을 다 팔아야 살 수 있을 만큼 값비싼 것이었습니다. 그러나 그 이상의 가치를 확신한 상인은 주저하지 않고 모든 것을 다 팔아 그 진주를 구매했습니다. 상인은 그 값진 진주를 취미로 구매한 것이 아닙니다. 장식도, 자선을 위해서도 아닙니다. 그것은 비즈니스적인 판단이었습니다. 그 진주가 현재 자신이 가진 재산보다 더 가치 있을 것이라는 판단에서 자신이 가진 전부를 팔아 얻게 된 것입니다. 그의 마음은 매우 흡족하고 기뻤습니다.

제가 사업을 하는 사람은 아니지만, 상식적으로 성공적인 비즈니스가 되기 위해 이루어져야 될 세 가지 요소가 있습니다. 첫째는, 현재가 아닌 미래에 더 가치가 높은 것을 발견하는 일입니다. 현재 다른 사람들은 보지 못하고 있지만 다가올 미래에는 엄청난 가치가 있는 것을 잘 발견할 수 있어야 합니다. 현재는 돌처럼 여겨지지만 미래에는 보석처럼 여겨질 수 있는 것을 발견하고 분별할 수 있는 안목이 필요합니다. 둘째는, 그 발견한 가치에 대해 담대하게 투자하는 것입니다. 시간과 노력과 재물을 그 발견한 가치에 투자해야 합니다. 확실히 가치 있는 것을 발견하고 분별했다면, 이제는 결단하고 용기를 내어 대담하게 투자하고 추진해야 합니다. 이런 투자와 추진이 없는 사업은 결코 성공할 수 없습니다. 셋째는, 그 모든 사업이 불안과 염려와 스트레스로 자신의 삶을 무너뜨리는 것이 아니라, 기쁘고 행복하고 만족을 주는 여정이 되는 것입니다. 겉으로 보이는 물질의 성공은 이루었지만 삶은 피폐하고 관계 또한 깨어졌다면, 그것은 진정한 성공이라 할 수 없습니다.

두 가지 비유의 공통점

앞에서 말한 비즈니스의 성공적인 원리는 예수님의 비유에서 이끌어 낸 것입니다. 이 세 가지 요소가 하나님 나라를 설명하는 두 가지 비유에서 공통적으로 발견됩니다.

귀한 가치를 발견함

첫째는, 이들이 너무나 귀한 가치를 발견했다는 것입니다. 소작농은 밭에 숨겨진 보물을 발견했고, 상인은 값진 진주를 발견했습니다. 차이가 있다면, 농부는 우연히 발견했고, 상인은 애써 찾아다니는 노력 끝에 발견했다는 것입니다.

우리가 하나님 나라의 가치를 발견하는 것도 이와 같습니다. 어떤 사람은 아무 노력도 하지 않고 믿음의 부모 아래 태어나 습관적으로 교회에 출석하다가 우연히 발견하는 것처럼 보입니다. 또 어떤 사람은 니고데모처럼 과연 하나님이 계신가, 하나님 나라는 존재하는가, 성경을 꼭 믿어야 되는가와 같은 많은 의심과 고민과 노력 속에서 결국 만나게 되기도 합니다. 하지만 하나님의 역사에 우연이란 없습니다. 우리에게는 우연이지만 역사와 삶을 주관하시는 하나님의 관점에서 보면 우연이란 존재하지 않습니다. 또 우리가 애써 노력해서 발견한 것 같지만, 하나님이 우리를 인도하고 보여 주지 않으시면 우리는 그 하나님 나라를 발견할 수 없습니다. 정리하면, 무슨 말입니까? 하나님 나라는 우리가 우연히 혹은 노력해서 발견할 수 있는 것이 아니라는 것입니다.

이 땅에 임한 하나님 나라는 숨겨진 상태로 존재합니다. 마치 씨앗이 땅에 숨겨진 것처럼 하나님 나라는 세상 사람들 눈에 잘 보이지 않습니다. 하나님은 당신의 나라가 먼저 발견한 사람들에 의해서 또 다른 사람들에게 전해지기를 원하십니다. 그래서 그 나라를 우리가 발견할 수 없을 정도로 꼭꼭 숨겨 놓지는 않으십니다. 마치 어린 자녀와 숨바꼭질하는 부모가 일부러 헛기침을 하며 아이에게 발견되기를 기다리는 것처럼 말입니다.

사람들이 하나님 나라를 믿지 않는 까닭은 가치를 발견하지 못했기 때문입니다. 믿고 싶지 않아서가 아니라 어쩌면 믿어지지 않아서 믿지 못하는 것입니다. 우리가 언제 믿음을 가졌는지 자신을 한

번 돌아보십시오. 무엇인가를 보았을 때입니다. 가치를 발견했을 때
입니다. 하나님 나라의 가치를 보면 믿게 됩니다. 믿을 수밖에 없습
니다. 때로는 고난을 통해, 때로는 어떤 사람의 삶을 통해 하나님 나
라의 가치를 보게 됩니다. 때로는 신비한 체험을 통해서도 볼 수 있
습니다. 따라서 믿지 않는 사람들에게 믿음을 강요하기보다는, 내가
발견한 하나님 나라의 가치를 그들도 볼 수 있도록 해 주는 것이 중
요합니다. 하나님 나라가 세상의 눈에는 감추어져 있지만 우리를 통
해, 그리고 교회를 통해 하나님 나라가 보이는 역사가 일어나야 합
니다.

모든 재산을 팔아서 가치를 소유함

둘째는, 그 발견한 가치에 대해 대담하고 결단력 있게 투자했다는
것입니다. 두 가지 비유의 두 번째 공통점은 두 사람 모두 모든 재산
을 팔았다는 것입니다. 그러나 여기서 중요한 것은 순서입니다. 두
사람이 모든 재산을 판 이유는 값진 보물과 값진 진주를 발견했기
때문입니다. 발견에 대한 반응이지, 발견하기 위해서가 아니었습니
다. 있을 수도 있고 있지 않을 수도 있는 어떤 것을 발견하기 위해서
가 아니라, 가치 있는 확실한 발견이 있었기 때문에 자신의 모든 것
을 흔쾌히 다 팔 수 있었던 것입니다.
　가치가 클수록 이 반응은 더 확실하고 큽니다. 이는 미래에 대한

가장 확실하고 바람직한 투자이기 때문입니다. 농부가 밭을 사고 상인이 진주를 산 것은 이익을 얻기 위함입니다. 곧 비즈니스였다는 것입니다. 이들이 모든 재산을 판 것은 손해가 아닙니다. 이들은 투자한 것입니다. 불확실한 사업에 투자한 것이 아니라, 미래에 확실한 이익을 얻을 수 있는 사업에 투자한 것입니다.

여기서 발견할 수 있는 진리는 무엇입니까? 만일 우리가 영원한 생명, 영원한 몸을 얻게 되는 영원한 하나님 나라를 발견했다면, 그 나라를 위해 우리가 어떤 헌신을 하더라도 그것은 손해가 아니라는 것입니다. 그것은 매우 가치 있는 투자라는 것입니다. 만일 손해 보는 것이라고 생각된다면 그것은 하나님 나라의 가치를 제대로 발견하지 못한 것입니다. 이 두 가지 비유에서 이들이 모든 재산을 판 행위는, 이들이 자신의 모든 재산과는 비교할 수 없는 더 값진 가치를 발견했기 때문에 나오는 반응이라는 것을 우리는 기억해야 합니다.

"또한 내 이름을 위해 집이나 형제나 부모나 자녀나 논밭을 버린 사람은 누구나 100배나 받을 것이며 또 영생을 물려받게 될 것이다"(마 19:29).

이 말씀을 잘못 해석할 경우, 우리가 무엇인가를 버리면 그 대가로 영생을 받게 될 것이라는 말씀처럼 이해하게 됩니다. 이는 잘못된 해석입니다. 오히려 정반대입니다. 만일 우리가 영생, 곧 하나님 나라의 영원한 생명을 발견한다면 그 발견한 가치 때문에 '집이나 형제나 부모나 자녀나 논밭'을 버릴 수 있게 된다는 것입니다. 이 버리는 것은 손해 보는 것이 아니라, 너무나 소중한 가치를 발견했기 때문에 일어나는 마땅한 반응인 것입니다. 대표적인 사람이 사도 바울입니다. 빌립보서 3장 7-9절에서 바울은 이렇게 고백하고 있습니다.

"그러나 내게 유익하던 것들을 나는 그리스도 때문에 다 해로운 것으로 여깁니다. 내가 참으로 모든 것을 해로 여기는 것은 내 주 그리스도 예수를 아는 지식이 가장 고상하기 때문입니다. 그분으로 인해 내가 모든 것을 잃어버리고 심지어 배설물로 여기는 것은 내가 그리스도를 얻고 그 안에서 발견되기 위한 것입니다. 내가 가진 의는 율법에서 난 의가 아니요, 그리스도를 믿음으로써 얻는 의, 곧 믿음으로 인해 하나님께로서 난 의입니다."

바울은 하나님 나라를 발견한 후 이전에 자신에게 유익하던 모든 것을 다 해로운 것으로 여기게 되었습니다. 해로운 것으로 여기게 되었다는 것은 자신이 발견한 것을 설명하는 최상의 방법입니다. 예수 그리스도 안에서 자신에게 임한 하나님 나라의 가치는 그 이전에 자신에게 유익했던 세상의 모든 것들이 다 배설물로 여겨질 만큼 가치 있다는 뜻입니다. 이러한 가치를 발견하게 된 바울은 자신에게 유익하던 것을 희생한다고 생각하지 않았습니다. 그것은 손실이 아니었습니다. 그것은 매우 가치 있는 투자였습니다. 포기를 위한 포기, 부정을 위한 부정이 아니었습니다. 그것은 더 가치 있는 소유, 더 영광스런 가치를 위해 포기해도 되는 가치를 기꺼이 내려놓는 것이 었습니다. 그것을 배설물로 여긴다고 표현한 것입니다.

배설물을 보고 아쉬워하는 사람이 있을까요? 그것이 몸에서 빠져 나가는 것이 아쉬워 자기 몸에 좀 더 두기를 원하는 사람이 있을까 요? 사도 바울이 배설물로 여겼다는 것은 그런 표현입니다. 이것이 나에게서 떠나가는 것이 조금도 아쉽지 않고 오히려 잘됐다고 여길 수 있는 가치 말입니다. 하나님 나라의 영원한 생명의 가치는 이 땅 의 어떠한 가치와도 비교할 수 없습니다. 그것은 밭을 경작하던 농 부가 그 밭에서 발견한 보화와 같고, 값진 보석을 매매하던 상인이 자신의 모든 재산을 조금도 아쉬워하지 않고 팔아 사들인 진주와도 같습니다. 이것이 바로 발견에 대한 반응인 것입니다.

기뻐함

셋째는, 이들이 발견한 후에 기뻐했다는 것입니다. 이는 두 번째 요 소의 논리적인 결과입니다. 이들이 밭과 진주를 사기 위해 자신의 모든 재산을 팔았을 때 가족이나 이웃은 이들이 왜 기뻐하는지 이해 하지 못했을 것입니다. 이들이 기뻐한 이유는 무엇입니까? 다른 사 람이 알지 못하는 가치를 발견하고 거기에 투자했기 때문입니다. 그 래서 이들의 마음에 기쁨이 충만한 것입니다. 하나님 나라의 가치를 발견해서 이 세상에 속한 것들을 담대하게 내려놓는 사람의 헌신은 우울하고 억울하게 이루어지는 것이 아닙니다. 이들의 헌신은 세상이 줄 수 없는 기쁨과 행복으로 이루어지는 것입니다. 히브리서에 나오는 믿음의 사람들을 보십시오. 그들은 모두 현재 당하는 고난을 억울하게 여기지 않고 매우 가치 있는 기쁨으로 여겼습니다. 이들은 이른바 영적 비즈니스에서 더 값진 가치를 발견했기 때문입니다.

"여러분은 때로 비방과 환난을 당함으로 공개적인 구경거리가 되기도 했고 또 때로는 이렇게 살아가는 사람들의 동료가 되기도 했습니다. 또한 감옥에 갇힌 사람들과 함께 아파하고 여러분의 재물을 빼앗기는 것도 기쁨으로 감당했습니다. 이는 여러분이 보다 나은 영원한 재물이 있는 줄 알았기 때문입니다"(히 10:33-34).

예수님의 이 보화의 비유가 그대로 히브리서 성도들의 삶 속에 나타난 것입니다.

"어떤 사람들의 습관과 같이 우리들 스스로 모이는 일을 소홀히 하지 말고 오히려 서로 권면합시다. 또한 그날이 다가오는 것을 볼수록 더욱 그렇게 합시다. 만일 우리가 진리에 대한 지식을 받아들인 후에 일부러 죄를 지으면 속죄하는 제사가 더 이상 남아 있지 않습니다"(히 11:25-26).

참된 헌신으로 이끄는 지혜로운 결단

예수님이 말씀하신 이 두 비유의 핵심 결론은, 하나님 나라의 가치를 발견한 자는 하나님 나라를 위해 포기하는 그 어떤 것도 억울한 희생이라 생각하지 않고 너무나 소중한 가치를 위한 기쁨의 투자라고 생각한다는 것입니다. 헌신이란 내 것을 억울하게 빼앗기는 것이 아닙니다. 그것은 기쁨으로 영원한 가치를 향해 투자하는 기회를 얻은 것입니다. 혹시라도 억울하다고 생각되는 봉사와 헌신의 영역이 있다면 절대 하지 마십시오. 유익이 되지 않습니다. 헌신은 억울한 것이 아니기 때문입니다. 마음속에 억울함이 가득하다면 지금 비즈니스를 잘못하고 있는 것입니다. 그런 사람은 다시 첫 단계로 돌아가 스스로에게 질문해야 합니다. '나는 하나님 나라의 가치를 발견했는가? 내가 헌신하고 봉사하는 이유는 무엇인가? 소중한 하나님 나라의 가치를 발견한 것에 대한 반응인가, 아니면 나의 성취인가?' 질문을 통해 해답을 발견했다면 다시 두 번째 단계의 질문을 던져야 합니다. '나에게는 담대하게 투자하는 결단력 있는 용기가 있는가?' 하나님 나라는 우리에게 결단을 요구하기 때문입니다.

그리스도의 십자가 앞에 섰을 때 우리에게 요구되는 것은 우리의 옛 사람에 속한 모든 것을 다 부인하는 것입니다. 자기를 부인하지 않으면 하나님 나라의 가치에 합당한 삶을 누릴 수 없기 때문입니다. 나의 옛 사람에 속한 모든 것을 배설물처럼 여길 수 없다면 우리는 다시 첫 단계로 돌아가는 것입니다. 농부와 상인이 밭과 진주를 살 것인가 말 것인가 하는 고민에만 머물렀다면 그들은 값진 보화와 진주를 얻을 수 없었을 것입니다. 우리에게도 이런 용기가 필요합니다. 우리에게도 자기를 부인하고 하나님 나라의 백성으로 살 것을 결단하는 용기와 세상에 속한 것을 버리고 포기하는 결단이 필요합니다.

이렇게 두 번째 단계의 질문에 대한 해답을 발견했다면, 우리는 세 번째 단계의 질문을 다시 던져야 합니다. '내가 포기하고 헌신한 결과로 나는 지금 기쁨을 누릴 수 있는 영적인 삶을 살고 있는가?' 우리는 이에 대한 확신을 가져야 합니다. 선교지에서 사역하는 선교사님들의 모든 어려움은 억울한 희생이 아니라 기쁨의 투자인 것입니다. 휘튼대학교 출신의 선교사로 젊은 나이에 아우카 부족에 의해 순교한 짐 엘리엇(Philip James Elliot)의 고백이 우리에게 남아 있는 것은 축복입니다. 그의 이 고백이 두 가지 비유의 결론입니다.

"결코 잃어버려질 수 없는 것을 얻기 위해 결코 간직할 수 없는 것을 포기하는 자는 어리석은 자가 아니다."

결코 잃어버릴 수 없는 것을 얻기 위해 결코 간직할 수 없는 것, 우리가 계속 가질 수 없는 것을 포기하는 것은 어리석은 일이 아닙니다. 영원한 하나님 나라는 우리가 결코 잃어버려서는 안 되는, 반드시 얻어야 하는 것입니다. 그것을 얻기 위해 영원히 가질 수 없는 것을 모두 내려놓는 것은 어리석은 일이 아니라 지혜로운 투자입니다.

우리는 이 땅에서 하나님 나라의 가치를 발견한 자로 살아가야 합니다. 그 소중한 가치를 위해 이 땅에 속한 것뿐 아니라 우리의 삶까지도 포기할 수 있는 것, 이것이 참된 헌신입니다.

"또한 하늘나라는 바다에 던져 온갖 물고기를 잡는 그물과 같다. 그물이 가득 차면 어부들은 그물을 물가로 끌어내고는 앉아서 좋은 고기는 바구니에 담고 나쁜 고기는 버린다. 세상의 끝도 그렇게 될 것이다. 천사들이 와서 의인 중에서 악인을 가려내 활활 타오르는 불 아궁이에 던져 넣을 것이다. 거기서 그들은 슬피 울며 이를 갈 것이다"(마 13:47-50).

7.
종말과 하나님 나라

교회는 온갖 물고기를 끌어오시는
하나님의 은혜의 그물입니다.

마태복음 13장에 나오는 예수님의 연속적인 비유는 이 땅에 임한 하나님 나라가 어떻게 나타나는지를 설명합니다. 하나님 나라는 사람들이 기대하는 방식으로 오지 않았습니다. 메시아가 이 세상에 오실 때 갑작스런 변화로 세상이 끝나거나, 유대인들이 기대하던 대로 로마 제국의 억압으로부터 벗어나는 정치·경제적 자유가 임하지도 않았습니다. 이 땅에 임한 하나님 나라는 작은 씨앗이 땅에 심겨져 자라나 추수 때까지 성장하는 모습으로 나타났습니다.

메시아이신 그리스도는 베들레헴의 아기 예수로 이 세상에 오셔서 십자가에 못 박히는 연약한 모습으로 이 세상에서 사라지신 것 같았지만, 이는 마치 한 알의 씨앗이 땅에 떨어져 썩어 없어지는 것

같아도 그 씨앗이 열매 맺어 또 다른 씨앗을 만들고, 그 씨앗이 자라나 또 다른 씨앗을 만드는 것과 같은 생명의 번식 과정을 통해 하나님 나라가 성장한다고 예수님은 말씀하셨습니다. 비밀처럼 숨겨졌지만, 땅에 심겨진 씨앗이 아무 일도 일어나지 않을 것처럼 보여도 점차 자라나 나무가 되고 열매를 맺는 것처럼, 하나님 나라는 다른 사람들에게 알려지는 반복되는 과정을 통해 확장되고 자라난다는 것입니다. 이것을 앞선 비유들을 통해 살펴봤습니다.

예수님은 본문을 통해 또 다른 모습으로 이 땅에 임한 하나님 나라를 설명해 주십니다. 그것은 그 당시 갈릴리 사람들에게 매우 익숙한 모습이었습니다.

"또한 하늘나라는 바다에 던져 온갖 물고기를 잡는 그물과 같다"(마 13:47).

예수님은 어부들이 고기를 잡기 위해 그물을 내리고 고기를 분류하는 모습으로 하나님 나라를 설명해 주셨습니다. 이는 당시 갈릴리 호수 근처에서 흔히 볼 수 있는 아주 평범한 모습이었습니다. 아마 제자들은 이 비유를 가장 잘 이해했을 것입니다. 왜냐하면 제자들 중 대다수가 어부였기 때문입니다. 예수님이 선택하신 첫 번째 제자 그룹은 바로 베드로와 안드레 같은 어부 출신이었습니다.

예수님은 왜 당신의 첫 번째 제자들을 예루살렘에 있는 율법학자나 서기관 같은 소위 엘리트 그룹에서 택하지 않으시고 이런 갈릴리의 어부들 가운데서 택하셨을까요? 여러 가지로 생각해 볼 수 있지만, 그들이 온 세상에 하나님 나라를 전하고자 하시는 예수님의 의도를 가장 잘 이해할 수 있는 직업군이었기 때문입니다.

"내가 너희를 사람 낚는 어부로 삼을 것이다"(마 4:19).

사람을 낚는다는 표현에서 영혼을 구원하기 위해 치러야 할 희생이 어떤 것인지를 아는 사람들이 바로 어부였기 때문입니다. 한 마리의 고기를 잡기 위해 바다에 나가 그물을 내리고 얼마나 많은 수고를 해야 하는지를 아는 사람들이 바로 이들이었기 때문입니다. 예수님이 '사람 낚는 어부'라 하실 때 제자들은 그 의미를 깊이 깨달았을 것입니다.

온전하게 하시는 하나님

예수님은 본문을 통해 아주 평범한 모습을 말씀하셨지만 그 의미는 매우 두렵고 떨리는 것이었습니다. 그물에 잡힌 물고기 중 나쁜 고기가 처해지는 운명에 대해 말씀하셨기 때문입니다. 그물은 공동체적이고 집단적인 것을 의미합니다. 그래서 학자들은 이 그물이 이 시대의 교회를 의미한다고 해석합니다. 교회는 물고기를 잡기 위해 바다에 던져진 그물입니다. 청교도 영성을 소유한 존 라일(J. C. Ryle) 목사는 이 그물의 비유를 가리켜 "보이는 교회의 본질을 가르쳐 주고 있다"고 말했습니다. 메시아이신 예수님은 그물을 바다에 던져 물고기를 잡는 어부시고, 교회는 고기를 잡는 어부의 도구 역할을 합니다. 이때 어부가 해야 할 가장 중요한 일은 고기를 잡기 이전에 고기를 잡는 도구인 그물을 잘 관리하는 것입니다. 그래서 때로 그물을 집는 역할을 하기도 합니다.

신약성경에서 교회, 특별히 성도들에 대해 설명할 때 나오는 '온전케 되다'라는 단어가 있습니다.

"그러면 모든 은혜의 하나님, 곧 그리스도 예수 안에서 여러분을 그분의 영원한 영광 가운데로 부르신 분이 잠시 고난 받는 여러분을 친히 온전하게 하시고 굳건히 세우시고 강하게 하시고 견고하게 하실 것입니다"(벧전 5:10).

"그가 어떤 사람은 사도로, 어떤 사람은 선지자로, 어떤 사람은 복음 전하는 자로, 어떤 사람은 목사와 교사로 삼으셨으니 이는 성도를 온전하게 하여 봉사의 일을 하게 하며 그리스도의 몸을 세우려 하심이라"(엡 4:11-12, 개역개정 성경).

우리는 '온전하게 하다'라는 단어를 주목해 보아야 합니다. 이는

'그물을 깁다'와 동일한 단어이기 때문입니다. 어부들이 물고기를 잡기 위해 그물을 깁는 것과 교회의 머리이신 그리스도가 성도들을 온전하게 하시는 일이 맥락을 같이한다는 것입니다. 그물을 깁는 것이 어떤 일인지 가장 잘 아는 사람은 바로 베드로였을 것입니다. 그가 '은혜의 하나님이 온전하게 하신다'고 말한 것은 '은혜의 하나님이 너희의 그물을 기워 주신다'라는 의미로 사용한 것입니다.

이것은 어떤 의미입니까? 사실 우리 인생의 그물은 찢어져 있습니다. 아무리 좋은 그물이라 할지라도 여러 번 바다에 내려지면 바다 밑에 있는 날카롭고 뾰족한 것들에 걸려서, 때로는 잡힌 물고기가 너무 많아 그물이 찢어지는 일이 발생합니다. 우리 인생과 교회 공동체라는 그물 역시 마찬가지입니다. 여러 가지 문제로 찢어지게 되어 있습니다. 충격적인 죄가 그물을 찢기도 하고, 감당하기 어려운 슬픔이 그물을 찢기도 합니다. 찢어진 그물로는 물고기를 잡을 수 없습니다. 그래서 어부는 늘 찢어진 그물을 기우며 그물을 잘 손질하고 관리해야 합니다. 이것이 어부의 가장 중요한 사명입니다.

은혜의 그물과 심판의 그물

다시 본문 47절을 보십시오. 바다에 던져진 그물은 '온갖 물고기를 잡는 그물'입니다. 왜 '온갖'이라고 했을까요? 여기서 말하는 그물은

'저인망'이라는 그물입니다. 이는 그물 아래 납 재질의 무거운 추가 달려 있어 바닥을 훑으면 그 반경 안에 있는 물고기가 다 잡힐 수 있도록 만들어진 것입니다. 예수님은 왜 이런 형태의 그물을 예로 드셨을까요? 하나님 나라의 그물로 던져진 교회 안으로 어떤 사람이든 차별하지 않고 온갖 영혼들을 이끌어 오신다는 것입니다.

> "수고하고 무거운 짐을 진 모든 사람은 다 내게로 오라. 내가 너희를 쉬게 할 것이다"(마 11:28).

'다 내게로 오라'는 예수님의 말씀은 온갖 물고기를 다 끌어오는 어부와 같습니다. 이것은 보이는 교회, 보이는 그물은 불완전하다는 것입니다. 수시로 기워야 하는 찢어진 그물일 뿐 아니라 온갖 물고기를 다 포함하는 그물이기 때문에 그렇습니다.

저희 교회 새 가족 분들을 만날 때마다 들려드리는 이야기가 있습니다. 어느 날 스펄전(C. H. Spurgeon) 목사님에게 십여 명의 성도들이 찾아왔다고 합니다. 그들은 자신들이 다닐 수 있는 좋은 교회를 소개해 달라고 요청했습니다. 스펄전 목사님이 질문했습니다.

"어떤 교회를 원하십니까?"

그러자 그들은 자신들이 원하는 교회에 대해 말했습니다.

"첫째, 성도들 간에 사랑이 충만한 교회였으면 좋겠습니다. 둘째, 목사님의 설교가 졸리지 않고 제발 진리만 전했으면 좋겠습니다. 셋째, 선교에 헌신한 교회였으면 좋겠습니다."

이들은 이런 식으로 열 가지 이상의 조건들을 제시했습니다. 스펄전 목사님이 말했습니다.

"죄송합니다. 그렇게 완벽한 교회는 제가 알지 못합니다."

성도들은 실망해서 자리에서 일어나려 했습니다. 그때 스펄전 목사님이 이들을 다시 불렀습니다.

"잠깐만요. 혹시 여러분들이 그런 교회를 발견하거든 절대 그 교회에 나가지 마십시오."

성도들은 깜짝 놀라며 물었습니다.

"아니, 그렇게 좋은 교회를 왜 나가지 말라고 하십니까?"

스펄전 목사님은 이렇게 대답했습니다.

"여러분이 그 교회를 나가는 순간부터 그 교회는 불완전해지기 때문입니다."

자신의 인생 그물이 찢어진 것은 모른 채 다른 사람의 찢어진 부분을 보고 비난하는 모습을 꼬집어 점잖게 책망한 것입니다.

교회는 온갖 물고기를 끌어오시는 하나님의 은혜의 그물입니다. 이 그물을 은혜의 하나님이 끊임없이 기우며 관리해 주십니다. 그런데 이 은혜의 그물은 영원히 유지되지 않습니다. 그물이 다 찰 때까지는 은혜의 그물이지만, 그물이 가득 차면 심판의 그물이 됩니다. 그물에 가득한 물고기를 분류하는 마지막 때가 오기 때문입니다. 그 그물에는 어떤 고기든 담길 수 있지만 모든 고기가 다 주인의 그릇에 담기는 것은 아닙니다. 예외 없이 구별이라는 심판을 받아야 합니다. 그런데 이 비유에서도 우리는 하나님의 은혜를 발견하게 됩니다. 하나님 나라는 아무리 나쁜 고기라 할지라도 이 은혜의 그물 안에서 좋은 고기로 변화될 수 있다는 것입니다.

누구나 하나님 나라로 들어오도록 허용되었지만 예전처럼 살도록 허락되지는 않습니다. 이는 어떤 물고기든 은혜의 그물에 차별 없이 들어올 수 있지만 그 안에서 이전 상태 그대로 머물도록 내버려 두시지 않는다는 것입니다. 오스왈드 챔버스(Oswald Chambers)는 하나님의 사랑을 거룩이라고 했습니다. 그것은 하나님의 사랑이 거룩한 사랑이라는 것입니다. 무슨 뜻입니까? 그 사랑은 우리가 거룩해지는 것을 목표로 일하시는 사랑이라는 것입니다. 우리가 거룩해질 때까지 모든 것을 품고 모든 것을 다해 우리를 이끄시는 사랑이라는 것입니다. 따라서 교회 조직 안에 들어왔다고 안전하다 생각해서는 안 됩니다. 하나님의 사랑이 우리를 거룩하게 변화시키도록 우리 자신을 내어 드려야 합니다.

중보의 사명을 감당하라

본문 49-50절에 무서운 말씀이 기록되어 있습니다.

"세상의 끝도 그렇게 될 것이다. 천사들이 와서 의인 중에서 악인을 가려 내 활활 타오르는 불 아궁이에 던져 넣을 것이다. 거기서 그들은 슬피 울 며 이를 갈 것이다."

사람들은 천국이 있다는 것은 믿으려 하지만 지옥이 있다는 사실 은 잘 받아들이려 하지 않습니다. 때로 많은 목회자들과 신학자들도 예수님이 말씀하신 이러한 지옥이 형벌의 장소가 아니라 이 세상에 서 경험하는 인생의 비극을 의미한다고 해석하기도 합니다. 사실 이 러한 구절들을 대면하는 것은 너무나 고통스러운 일입니다. 그래서 무신론자들은 '지옥이란 초대교회 사람들이 사람들에게 겁을 주고 공포심을 불러일으켜 개종시키려고 만들어 낸 교리'라고 말하기도 합니다. 그러나 한때 불신자요, 불가지론자였다가 믿음의 삶을 받아 들이게 된 C. S. 루이스 같은 지성인은 이렇게 말합니다.

"기독교에서 이것만큼 버리고 싶은 교리가 없다. 하지만 성경, 무 엇보다 우리 주님의 말씀이 이 교리를 전적으로 옹호하고 있다. 이 교리는 완벽하게 합리적이다. 지옥을 제대로 믿지 않고서 천국을 제 대로 믿는 사람을 만나 본 적이 없다."

생각하기 끔찍하다고 해서 지옥이 없다고 말해서는 안 됩니다. 사 람들이 믿지 않는 가장 큰 이유는 선하신 사랑의 하나님이 어떻게 지옥을 만드실 수 있느냐는 것입니다. 그러나 정반대입니다. 만일 지옥이 없다면 하나님은 선하신 분이 아니십니다. 하나님이 진정 선하시다면 공의로운 심판을 행하셔야 합니다. 악이 온전히 벌해지는 종말이 있어야 하나님의 선하심이 증명되는 것입니다. 스펄전 목사님은 이런 지옥의 존재에 대해 생각할 때 우리는 끊임없이 아픔과 슬픔과 고통 속에서 중보해야 한다고 권면하고 있습니다.

"악인들이 지옥에 가더라도 우리 몸을 밟고 가게 합시다. 그들이 멸망하더라도 우리는 그들을 살리기 위해 애써야 합니다. 지옥이 차야 하더라도 우리는 지옥이 차지 않게 최대한 노력합시다. 경고나 기도를 받지 않고 지옥에 가는 사람은 한 사람도 없게 합시다."

우리는 모두 은혜의 그물 속에 있는 상태입니다. 은혜의 그물 속에 있을 때, 이러한 변화가 가능할 때 우리는 그물 안에 있는 사람들이 하나님 나라에 합당한 물고기로 변화되도록 중보해야 합니다. 우리 자신도 변화되도록 끊임없이 노력해야 합니다. 또한 교회는 하나님 나라의 그물의 사명을 잘 감당할 수 있도록 찢어진 그물을 기워주시는 은혜의 하나님에게 날마다 드려져야 할 것입니다.

———

만일 지옥이 없다면 하나님은 선하신 분이 아니십니다.

하나님이 진정 선하시다면 공의로운 심판을 행하셔야 합니다.

악이 온전히 벌해지는 종말이 있어야

하나님의 선하심이 증명되는 것입니다.

———

"만일 우리가 그리스도 안에서 가진 소망이 이 세상의 생명뿐이면 모든 사람들 가운데 우리가 가장 불쌍한 사람들일 것입니다. 그러나 이제 그리스도께서 죽은 사람들 가운데서 다시 살아나셔서 잠자는 사람들의 첫 열매가 되셨습니다. 한 사람으로 인해 죽음이 들어왔으니 한 사람으로 인해 죽은 사람들의 부활도 옵니다. 곧 아담 안에서 모든 사람이 죽은 것같이 그리스도 안에서 모든 사람이 생명을 얻을 것입니다. 그러나 각각 차례대로 될 것이니 먼저는 첫 열매인 그리스도이시요, 그다음은 그리스도께서 다시 오실 때 그분에게 속한 사람들입니다. 그다음에 세상의 마지막이 올 것인데 그때는 그분이 모든 권력과 권세와 권능을 멸하시고 그 나라를 하나님 아버지께 바칠 것입니다. 하나님께서 모든 원수들을 그리스도의 발아래 두실 때까지 다스리셔야 합니다. 멸망당할 마지막 원수는 죽음입니다. 성경에 이르기를 '하나님께서 만물을 그분의 발아래 두셨다'라고 했습니다. 그러나 만물을 발아래 둔다고 할 때 만물을 그분에게 복종하게 하신 분은 그 안에 들지 않은 것이 분명합니다. 만물을 그분께 복종하게 하신 때는 아들 자신도 만물을 복종하게 하신 분에게 복종하게 될 것입니다. 이는 하나님께서 만유의 주가 되시려는 것입니다"(고전 15:19-28).

8.
부활과 하나님 나라

예수님은 다시 오시기 위해 부활하셨고,
부활하신 분은 다시 오시기를 준비하고 계십니다.

그리스도인이라면 예수님의 부활의 역사성을 부인하는 사람은 없을 것입니다. 그러나 단지 그것이 전부라면 우리 삶에 이뤄지는 신앙의 능력은 없을 것입니다. 예수님의 부활은 우리 삶이 실제로 경험하는 능력이 되어야 합니다. 예수님은 능력을 자랑하려고 부활하신 것이 아니라, 우리가 예수님의 부활 생명으로 살도록 부활하셨기 때문입니다.

우리 부활의 보증이 되시는 예수님의 부활

예수님의 부활은 예수님이 죽음 가운데 다시 살아나신 그 이상의 의미가 있습니다. 첫째는, 바로 그 예수님의 부활이 우리 부활의 보증이 되기 때문입니다. 우리에게 그 부활의 생명을 주셔서 우리가 하나님 나라의 백성으로 이 땅을 살아가도록 변화시키기 위해 부활하셨기 때문입니다.

"만일 우리가 그리스도 안에서 가진 소망이 이 세상의 생명뿐이면 모든 사람들 가운데 우리가 가장 불쌍한 사람들일 것입니다. 그러나 이제 그리스도께서 죽은 사람들 가운데서 다시 살아나셔서 잠자는 사람들의 첫 열매가 되셨습니다"(고전 15:19-20).

우리는 2천 년 전에 죽었다가 다시 사신 과거의 그리스도를 믿는 것이 아닙니다. 그리스도는 지금도 살아 계시며, 우리는 '지금 내 안에' 살아 계신 그리스도를 믿는 것입니다. 영적 세계에 있어서 가장 위대한 단어는 '지금'이라는 단어입니다.

'첫 열매'란 유대 절기 가운데 첫 곡식 다발을 하나님 앞에 드림으로 남은 모든 추수도 하나님에게 바친다는 것을 상징하는, 그리고 다가올 추수의 확신 및 보증을 상징하는 것입니다. 예수님의 부활은 첫 열매가 되심으로 우리 모두의 부활을 보증하는 사건이 되었습니다. 우리가 예수 그리스도의 십자가 앞으로 나아가 그 십자가가 나를 대신한 십자가임을 믿을 때, 내가 그 십자가에서 예수 그리스도와 함께 죽었음을 믿을 때, 그 순간 우리는 부활하신 그리스도의 임재하심을 체험할 수 있다는 것입니다. 이것은 우리의 결심이나 공로가 아니라, 오직 예수 그리스도의 십자가 때문입니다. 우리가 하나님과 아주 조금이라도 불편한 관계에 있다면 우리는 십자가를 의지해서 바로 지금 하나님 앞으로 돌아갈 수 있습니다. 그리고 지금 부활하신 그리스도의 생명의 능력을 체험할 수 있습니다.

예수님은 완전히 새로운 생명으로 부활하셨습니다. 예수님은 성육신하기 이전, 죽음 이전, 십자가에 죽으시기 이전의 생명이 아닌 완전히 새로운 영원한 하나님 나라의 생명으로 부활하신 것입니다. 우리 모두에게 영원한 생명을 나누어 줄 수 있는 능력과 권리를 가진 생명으로 부활하신 것입니다. 예수님은 십자가를 지시기 전 제자들에게 많은 말씀을 하셨지만 제자들은 변화되지 않았습니다. 그것은 예수님이 죽음과 부활을 통해 이 변화된 생명에 아직 이르지 않으셨기 때문입니다. 그래서 제자들에게 말씀하셨지만 그들은 깨닫지 못했고 그들의 삶 또한 변하지 않았던 것입니다. 그러나 예수님이 부활하신 후 성령을 통해서 생명을 나누어 주시는 그 생명으로 변화되셨기에 제자들은 변화되었고, 그분을 믿는 모든 자들 또한 동일한 변화를 겪을 수 있게 되었습니다.

"한 사람으로 인해 죽음이 들어왔으니 한 사람으로 인해 죽은 사람들의 부활도 옵니다. 곧 아담 안에서 모든 사람이 죽은 것같이 그리스도 안에서 모든 사람이 생명을 얻을 것입니다"(고전 15:21-22).

아담 안에서 모든 사람이 죽은 것같이 그리스도 안에서 모든 사람이 생명을 얻을 것입니다. 부활하신 예수님은 성령님을 통해 자신의 생명을 나누어 주고 계십니다. 성령님은 부활하신 예수님과 우리를 연결하고 계십니다. 이 부활의 생명은 우리 옛 사람이 그리스도의 십자가와 연합할 때 성령님이 역사하셔서 우리에게 주어지는 것입니다. 그리스도가 부활하심으로 누리는 그 생명을 우리에게도 동일하게 누리게 하신다는 것입니다. 성령님의 역사는 바로 예수님의 부활 생명을 우리에게 전해 주시는 것입니다. 그래서 우리의 몸이 성령에 전이되고 하늘의 것을 생각하는 삶을 살게 되는 것입니다. 하나님의 다스림을 받는 하나님의 백성으로 살게 되는 것입니다. 예수님의 부활은 우리의 생명입니다. 이는 먼 훗날 죽음 이후에 누릴 생명이 아니라, 바로 지금 이 땅에서 누리는 하늘의 생명입니다. 우리는 이 생명을 누리며 능력 있게 살아가야 합니다.

온 세상을 회복시키는 부활의 능력

본문에 나타난 예수님의 부활의 두 번째 의미가 있습니다. 그것은 장차 세상의 마지막이 오게 될 그때 모든 권세를 멸하고 온 세상을 하나님 나라로 회복시키시기 위함입니다. 부활이 첫 열매가 되었다는 것은 나머지 모든 추수가 다 하나님에게 드려진다는 의미인 것입니다.

"그다음에 세상의 마지막이 올 것인데 그때는 그분이 모든 권력과 권세와 권능을 멸하시고 그 나라를 하나님 아버지께 바칠 것입니다. 하나님께서 모든 원수들을 그리스도의 발아래 두실 때까지 다스리셔야 합니다 … 만물을 그분께 복종하게 하신 때는 아들 자신도 만물을 복종하게 하신 분에게 복종하게 될 것입니다. 이는 하나님께서 만유의 주가 되시려는 것입니다"(고전 15:24-25, 28).

그리스도의 부활의 능력은 지금 우리 안에서 역사하실 뿐만 아니라 분명하게 구분된 나중, 세상의 마지막에도 역사하실 것입니다. 그리스도의 부활이 첫 열매라는 것은 끝이 아니라 새로운 시작이라는 것입니다. 이 그리스도의 부활로부터 시작해서 마지막 세상의 종말 때까지 부활하신 그리스도가 행하시는 일이 있습니다. 그것은 십자가로 구속 받은 이들에게 생명을 주실 뿐만 아니라 온 세상 만물을 하나님 나라로 구속하는 일을 행하신다는 것입니다. 24절의 '그

다음에', '그때' 부활하신 그리스도는 모든 권세와 권능을 멸하고 하나님 나라를 온전히 이루는 일을 행하고 계십니다.

마지막 원수는 죽음입니다. 세상의 어떤 권세보다 더 강력한 권세는 죽음입니다. 그리스도는 마지막 권세인 죽음을 멸하심으로 모든 만물을 하나님 나라로 온전하게 행하시는 것입니다. 사람만 죽는 것이 아닙니다. 만물도 이 죽음을 끊임없이 경험하고 있습니다. 로마서는 '썩어질 것에 종노릇하고 있다', '만물의 썩음에 종노릇하고 있다'고 말씀합니다. 그 모든 것을 회복시키는 일을 부활하신 그리스도가 행하시는 것입니다. 예수님은 부활하심으로 사탄의 최후의 무기인 죽음을 깨뜨리셨습니다. 하늘에서는 이미 사탄뿐 아니라 사탄의 졸개들도 모두 그리스도에게 복종했으며, 그곳에서는 이미 승리가 이루어졌습니다. 이제 땅에서도 그 승리가 실제로 이루어져야 합니다.

그러나 땅에서는 아직도 사탄의 세력이 그리스도에게 복종하지 않고 하나님의 통치에 반역하며 죄와 죽음을 이용해서 하나님 나라에 대항하고 있습니다. 부활하신 예수님은 하늘에서 일어난 이 승리가 바로 이 땅에서도 이루어지도록 역사하고 계십니다. 요한계시록이 우리에게 보여 주는 것은, 하늘에서 이루어진 부활하신 예수님의 승리가 이 땅에서도 이루어지도록 이 땅에서 하나님을 대항하는 사탄의 패잔 세력들을 소탕하고 계시다는 것입니다. 그래서 온 우주를 하나님 나라로 회복하고 평정해 가심을 우리에게 환상으로 보여 주시는 것입니다.

따라서 지금은 영적 전쟁의 시기입니다. 신학자들은 이러한 기간을 제2차 세계대전 이후에 사용되었던 디데이(D-day)와 브이데이(V-day)라는 단어로 설명하는 것을 좋아합니다. 여기서 디데이는 'Decision Day'(결전의 날), 브이데이는 'Victory Day'(승리의 날)를 뜻합니다. 1944년 6월, 당시 연합군이 프랑스의 노르망디 해안에서 독일군을 무찔러 전쟁의 승리는 사실상 결정되었습니다. 그때를 디데이, 곧 Decision Day라고 말합니다. 그러나 실제로 독일군을 완전히 소탕하기까지는 거의 1년이라는 기간이 걸렸습니다. 1945년에 이르러서야 베를린이 함락됨으로 독일이 항복하게 된 것입니다. 이때가 바로 승리의 날인 브이데이, 곧 Victory Day가 되는 것입니다.

이것을 그리스도의 부활에 적용하면, 예수님이 부활하신 날은 바로 디데이입니다. 승리가 확실히 결정된 날입니다. 그러나 아직 사탄의 졸개들이 죄와 죽음의 권세를 이용해서 우리를 두렵게 하며, 하나님 나라를 대항하는 일들이 아직도 이루어지고 있습니다. 하지만 그 모든 것을 평정하고 제압하는 일들이 이루어질 마지막 날이 다가오고 있습니다. 세상의 마지막 때인 브이데이, 완전한 브이데이가 다가오고 있는 것입니다.

"그러나 주의 날이 도둑같이 올 것입니다. 그때 하늘은 큰 소리를 내며 떠나가고 그 구성 물질들은 불에 타 해체되며 땅과 그 안에 있는 모든 것이

드러날 것입니다. 이 모든 것이 이렇게 해체될 것이니 여러분은 어떤 사람이 돼야 하겠습니까? 여러분은 거룩한 행실과 경건함으로 하나님의 날이 임하기를 바라며 간절히 사모하십시오. 그날에 하늘이 불에 타 해체되고 그 구성 물질들이 불에 녹아 버릴 것입니다. 그러나 우리는 그의 약속대로 의가 지배하는 새 하늘과 새 땅을 바라봅니다"(벤후 3:10-13).

이 마지막 브이데이 때에는 우리가 지금 경험하는 모든 물리적인 세계가 해체될 것입니다. 우리가 경험하는 하늘과 땅이 전부인 것으로 착각하지 말라는 것입니다. 우리가 경험하는 이 자연만이 실재하는 모든 것이라고 생각하지 말라는 것입니다. 이 자연 너머에 하나님이 예비하고 계신 또 다른 자연이 준비되고 있다는 것입니다. 새 하늘과 새 땅이라고 말할 수 있는 우리에게는 초자연이지만 다른 차원에서는 새로운 자연과 같은 새 하늘과 새 땅이 예비되고 있습니다. 그리스도의 부활이 디데이가 되어서 장차 완전히 이루어질 승리의 날, 곧 브이데이를 향해 가고 있습니다. 부활하신 주님은 승천하신 후 다시 오실 날을 준비하며 이 모든 만물을 하나님 나라로 회복시켜 가고 계십니다.

부활, 새 하늘과 새 땅에의 소망

C. S. 루이스는 《기적》(홍성사 역간)이라는 책에서 예수님의 부활을 새로운 자연이라는 단어로 설명했습니다.

"여러 자연이 존재한다. 지금의 자연 위에 새로운 자연이 존재한다. 예수 그리스도의 부활은 그 새로운 자연의 문을 연 최초의 사건이다."

예수님은 요한복음 14장 2절에서 "너희가 있을 곳을 마련하러 간다"고 말씀하셨습니다. 그리고 이어서 13절에서 "내가 … 다시 와서 너희를 내게로 데려갈 것이다"라고 말씀하셨습니다. 예수님은 다시 오시기 위해 부활하셨고, 부활하신 분은 다시 오시기를 준비하고 계십니다. 이 새로운 자연을 준비하고 계십니다. 이 우주 안에 전혀 새로운 자연의 세계가 열린 것입니다. 하나님의 새 창조의 기적이 일어난 것입니다. 그리스도의 부활로 우리에게도 그 새 창조의 기적에 참여할 수 있는 문이 열린 것입니다. 그리고 새 하늘과 새 땅에 우리가 참여하게 될 날이 다가오고 있습니다.

부활하신 그리스도는 그분만 살아난 것이 아니라 우리에게도 새 생명을 주셔서 우리 또한 그 부활의 생명을 나누게 하셨습니다. 또한 만물을 하나님에게로 복종시키고 새 하늘과 새 땅을 준비하고 계십니다. 이 부활하신 주님 안에 거할 때 우리는 새 생명의 능력으로 우리에게 주어진 날들을 살 수 있습니다. 그리고 만물을 회복시킬 소망을 기대하며 우리는 새 하늘과 새 땅을 바라보는 믿음으로 살 것입니다.

부활의 생명이 없으면 새 하늘과 새 땅을 바라보지 않습니다. 부활의 생명이 없으면 이 땅이 전부인 줄 알고 살기 때문입니다. 부활의 생명이 있는 사람만이 새 하늘과 새 땅을 소망할 수 있습니다. 이는 반대로, 새 하늘과 새 땅을 소망하는 사람은 그 안에 부활의 생명이 있다는 증거이기도 합니다. 그 생명은 새 하늘과 새 땅을 위해 창조된 것이기 때문입니다. 그러므로 우리는 땅의 것을 생각하지 않고 하늘의 것을 생각하는 복된 삶을 살아야 합니다.

예수님은 완전히 새로운 생명으로 부활하셨습니다.

예수님은 성육신하기 이전, 죽음 이전,

십자가에 죽으시기 이전의 생명이 아닌

완전히 새로운 영원한 하나님 나라의 생명으로 부활하신 것입니다.

"제자들 사이에서 누구를 가장 높은 사람으로 볼 것인지를 놓고 다툼이 벌어졌습니다. 예수께서 그들에게 말씀하셨습니다. '이방 사람의 왕들은 자기 백성들을 다스리며 권세 부리는 자들은 자칭 '백성들의 은인'이라고 한다. 그러나 너희가 그래서는 안 된다. 오히려 너희 중 가장 큰 사람은 가장 어린 사람과 같이 돼야 하고 다스리는 사람은 섬기는 사람과 같이 돼야 한다. 누가 더 높은 사람이냐? 밥상 앞에 앉아 있는 사람이냐, 그를 시중드는 사람이냐? 밥상 앞에 앉아 있는 사람이 더 높지 않느냐? 그러나 나는 섬기는 사람으로 너희 가운데 있다. 너희는 내가 시련을 겪는 동안 나와 함께한 사람들이다. 그러니 내 아버지께서 내게 나라를 맡겨 주신 것처럼 나도 너희에게 나라를 맡긴다. 너희는 내 나라 안에 들어와 내 밥상에 앉아 먹고 마시며 보좌에 앉아 이스라엘의 열두 지파를 심판하게 될 것이다"(눅 22:24-30).

9.
권위와 하나님 나라

하나님이 인간에게 부여하신 선한 권위가 능력이 되기 위해서는
하나님의 권위를 인정해야 합니다.
그럴 때 그 권위는 우리에게 능력이 되고 축복이 됩니다.

'이 땅에서 하나님 나라를 경험하며 사는 것이 가능한가?' 누군가는
이런 질문을 던질 수 있습니다. 하나님 나라라고 할 때 '나라'라는 단
어를 이 세상에서 우리가 부르는 나라로 해석하면 그런 오해가 생길
수 있습니다. 특별히 나라에 대한 상처와 아픔이 있는 경우에는 더
욱더 그렇게 느껴질 수 있습니다. 그러나 이 단어를 쓸 수밖에 없는
것은 '통치'라는 의미 때문입니다. 하나님 나라는 하나님이 지으신
모든 것에 대한 하나님의 통치입니다. 하나님이 만드신 모든 만물은
하나님이 다스리시는 영역입니다.

하나님이 만드신 모든 만물에 하나님의 다스림이 미치지 못한다
면 얼마나 안타까운 일입니까? 그런데 하나님의 다스림을 거부하는

사람들과 영역들이 있습니다. 사탄의 존재와 하나님의 다스림 속에 살고 있지 않은 사람들이 그들입니다. 말씀이 육신이 되어 이 땅에 오신 예수님은 그 모든 것들을 회복시키기 위해 하나님의 통치가 이 땅에 임하는 이 세상 만물의 마지막 날 이후가 아니라, 하나님을 반역하고 배역하고 다스림을 거부하는 세상 속에 뚫고 들어오셔서 하나님의 다스림을 이루시는 일을 십자가와 부활을 통해 완성하셨습니다. 그리스도를 통해서, 그리스도 안에서 하나님 나라의 백성으로 살고, 하나님을 왕으로, 우리의 통치자요, 만물의 통치자로 순종하며 살도록 우리를 인도하신 것입니다.

창조 직후 죄가 세상에 들어오기 전의 아담에게는 죄가 없었지만, 그 죄 없는 순수한 아담도 하나님에게 순종함으로써 영원한 생명을 누릴 수 있었습니다. 그런데 하나님에게 불순종과 반역을 행했을 때 하나님의 다스리심과 영원한 생명을 잃어버린 것입니다. 그리스도를 통해서 우리에게 주신 구원은 이제 그리스도를 통해서 우리가 하나님의 다스리심을 받는 원래의 계획대로 회복되어야 합니다. 그리고 하나님이 계획하신 모든 것들이 회복되는 일의 궁극적인 목적은 바로 하나님 나라가 온전히 이루어지는 것입니다.

'우리' 안에 임하는 하나님 나라

"바리새파 사람들이 하나님 나라가 언제 올 것인지 물어보자 예수께서 대답하셨습니다. '하나님 나라는 눈으로 볼 수 있는 모습으로 오지 않는다. 또한 '보라. 여기에 있다', '보라. 저기에 있다' 하고 말할 수도 없다. 하나님 나라는 너희 안에 있기 때문이다'"(눅 17:20-21).

'하나님 나라가 언제 올 것인지'를 묻는 질문에 예수님은 '하나님 나라는 너희 안에 있다'고 말씀하십니다. 여기서 '안에'는 '가운데'라고 번역할 수도 있습니다. '너희 안에 있다'고 할 때의 하나님 나라는 일차적으로 우리 마음, 우리 영혼, 우리 내면에 하나님의 말씀이 임함으로 통치가 이루어진다는 것을 의미합니다. 우리가 자유의지를 가진 인격적인 존재로 창조된 것은 우리의 인격적인 선택을 통해 하나님의 말씀이 이루어지고, 우리의 내면에 하나님 나라가 임한다는 것을 뜻하는 것입니다. 또 '너희 가운데'라는 의미의 하나님 나라는 우리의 공동체 속에, 또 우리의 사회와 질서 속에 하나님 나라가 임한다는 의미로 해석할 수 있습니다. 여기서 '네 안에'가 아니라 '너희 안에'라는 복수로 말씀하신 것은, 하나님 나라는 우리의 관계를 통해서, 공동체를 통해서 함께 경험할 수 있기 때문입니다. 나 홀로 믿음, 나 홀로 경험한 하나님 나라는 존재하지 않는다는 것입니다.

감리교의 창시자인 존 웨슬리(John Wesley)는 이렇게 고백했습니다. "내 믿음이 거의 파산할 뻔한 적이 있는데 그것은 혼자 거룩을 추구할 때였다. 그리스도인이 참으로 거룩하고자 한다면 고립된 상황이 아니라 다른 사람들과 함께 거룩을 추구해야 한다. 그래서 사회적인 거룩을 추구해야 한다."

하나님 나라는 자신의 내면에만 임하는 나라가 아니라 공동체와 관계를 통해 임하는 나라라는 것입니다. 공동체와 관계를 통해 하나님 나라가 임할 때 가장 방해가 되는 것은 바로 이 권위의 문제입니다.

우리의 공동체와 관계 속에 하나님 나라가 나타나지 않는 것은 우리가 이 세상의 질서대로 '누가 더 높은가'라는 문제에 사로잡혔을 때입니다. 이는 제자들 가운데서 늘 있었던 아주 고질적인 문제입니다. 누가복음 9장에 보면 그때도 제자들이 누가 더 큰 자인가를 놓고 서로 다투는 장면이 나옵니다. 그때 예수님은 어린아이를 곁에 세우시고 "너희 가운데에서 가장 작은 사람이 가장 큰 사람이다"(눅 9:48)라고 말씀하시며 가장 작은 사람이 가장 큰 사람이라고 가르쳐 주셨습니다. 그런데도 제자들은 누가 더 큰 자인가라는 다툼을 계속했습니다. 심지어 누가복음 22장에서 예수님이 최후의 만찬을 가지며 성찬을 제정하신 후 장차 고난 받고 십자가로 나아가시는 그 과정에서도 제자들은 누가 더 큰 자인가를 놓고 자리다툼 벌인 것을 알 수 있습니다.

그러나 과연 이것이 제자들만의 문제입니까? 누가 더 높은 사람인가라는 이 문제는 개인과 공동체를 비롯한 모든 관계 속에서 나타납니다. 제자들에게만 지속적으로 나타나는 문제가 아니라 우리 안에도 지속적으로 나타나는 문제입니다. 이것이 바로 우리가 이 땅에서 하나님 나라를 경험하지 못하는 가장 큰 걸림돌이라는 것입니다. 그런데 겉으로 나타나는 자리의 문제보다 우리의 마음속에 내가 다른 사람보다 더 우월하다는 생각을 가지고 있다면 그것 또한 더 높은 자리는 생각이 자신을 지배하고 있는 것입니다. 반대로 다른 사람보다 열등하다는 의식 속에 사로잡혀 있어도 하나님 나라를 경험하는 데 있어 방해를 받습니다.

우월의식과 열등감, 이것은 누가 더 높은 자인가에 대해 스스로 어떻게 생각하고 있는가를 보여 줍니다. 문제는 자기 자신뿐 아니라 다른 사람에게도 자신의 우월함을 인정하라고 강요하거나 반대로 다른 사람 앞에서 늘 자신이 열등하다는 의식 속에 살아간다는 것입니다. 사람들은 서로 모르는 사람들이 모였을 때도 심리적으로 보이지 않는 서열 싸움을 벌인다고 합니다. 저마다 자신의 기준으로 상대방이 나보다 높은가 낮은가를 평가한다는 것입니다. 사람마다 평가하는 기준이 다르기 때문에 때로 그 싸움은 더 무섭게 변하기도 합니다.

하나님의 권위를 인정하라

왜 이런 일이 일어나는 것일까요? 사람에게는 권위에 대한 굶주림이 있습니다. 두세 사람만 모여도 자리다툼의 문제가 발생합니다. 보이는 자리만이 아니라 보이지 않는 마음의 자리에 대한 욕망 또한 끊임없이 일어납니다. 그것은 원래 이 권위가 하나님이 만물을 통치하기 위해서 창조하신 것이기 때문입니다. 하나님은 우주 만물을 아무렇게나 창조하지 않으셨습니다. 하나님은 그 우주 만물을 움직이는 보이지 않는 권위도 함께 창조하셨습니다.

"이는 하늘과 땅에 있는 모든 것들, 곧 보이는 것들과 보이지 않는 것들, 보좌들과 주권들과 권력들과 권세들이 하나님의 아들 안에서 창조됐기 때문입니다. 만물이 아들로 인해 창조됐고 아들을 위해 창조됐습니다. 하나님의 아들은 만물보다 먼저 계시고 만물은 그분 안에 함께 서 있습니다"(골 1:16-17).

'서 있다'(stand)라는 단어는 영어의 'system', 곧 '제도'라는 뜻의 단어와 어원이 같습니다. 만물의 질서를 유지하는 것은 바로 권위라는 것입니다. 하나님의 창조 질서를 유지하고 지키는 선한 권위에는 부모의 권위, 교사의 권위, 지도자의 권위 그리고 인간의 권위가 있습니다. 하나님은 특별히 인간에게 다른 생물들에게는 주시지 않은 영적 권위, 곧 하나님의 대리자로서의 권위를 주셨습니다. 그것은 만물이 움직여지는 권위입니다. 그렇다면 산에 물 떠 놓고 기도하거나 큰 바위나 돼지 머리를 앞에 두고 절하는 것이 왜 무서운 죄겠습니까? 하나님이 인간에게 주신 권위를 스스로 포기하는 것이기 때문입니다. 이는 하나님이 만물을 통치하라고 주신 선한 권위를 스스로 버리는 것입니다.

이런 일들이 어떻게 일어납니까? 인간이 하나님의 권위를 인정하지 않고 하나님의 권위에 반역했을 때 이 권위가 타락해 버린 것입니다. 분별력을 잃어버린 것입니다. 그래서 그 권위가 권력이 되고 타락한 권세가 되어 버린 것입니다. 에베소서 6장 12절은 그 타락한 권세에 대해 이렇게 말씀합니다.

"우리의 싸움은 혈과 육에 대한 것이 아니라 권력들과 권세들과 이 어둠의 세상 주관자들과 하늘에 있는 악한 영들에 대한 것이기 때문입니다."

우리가 싸우는 권력들, 권세들, 세상의 주관자들 및 악한 영들은 한결같이 하나님의 권위에 대항하는 세력들입니다. 또한 하나님이 만드신 창조 질서를 거스르는 세력들입니다. 하나님이 인간에게 부여하신 선한 권위가 능력이 되기 위해서는 하나님의 권위를 인정해야 합니다. 그럴 때 그 권위는 우리에게 능력이 되고 축복이 됩니다. 하나님의 권위를 부정할 때는 그 권위가 권력이 되고 악이 되는 것입니다. 악이란 인간이 세운 어떤 기준 이전에 하나님의 권위를 부정하면서 행하는 모든 것입니다. 왜입니까? 그렇게 되면 우리에게 주어진 권위를 남용하고, 자기를 위해서 이용하고, 다른 사람을 괴롭히는 데 사용하고, 그러다 보면 만물의 질서를 혼란하게 만드는 권위가 되기 때문입니다.

예수님이 광야에서 시험을 받으실 때 마귀가 예수님을 유혹했던 것이 바로 세상의 권세를 주겠다는 것이었습니다. '하나님이 주신 선한 권위는 필요 없다. 세상을 지배하는 타락한 권세만 있어도 나와 타협하면 세상을 정복할 수 있다.' 세상 권세의 타락과 타협하라고 한 것입니다. 그 모든 것이 완전히 드러난 사건이 십자가입니다. 세상에서 가장 선하고 의로우신 분이 오셨을 때 세상의 악한 권세는 그분을 십자가에 못 박았습니다. 그것은 하나님의 권위에 끝까지 도전한 것입니다. 세상을 다시 회복시키러 오신 하나님의 아들을 십자가에 못 박은 것은 하나님의 권위를 끝까지 인정하지 않은 사탄의 최후의 발악이었던 것입니다. 그러나 도리어 하나님의 능력은 그 모든 것을 역전시켜 십자가를 통해 이 세상의 권세를 완전히 깨뜨리신 것입니다.

"또한 십자가로 권력들과 권세들을 무장 해제시키시고 그들을 공개적인 구경거리가 되게 하셨습니다"(골 2:15).

십자가는 바로 이 세상의 타락한 권세를 무력화시킨 사건입니다. 그리고 바로 그리스도가 하나님의 모든 권위에 죄인으로 드러나시게 한 사건입니다. 부활을 통해 죽음의 권세를 깨뜨리셨고, 부활을 통해 세상의 모든 권세가 무력화되었다는 것을 보여 주신 것입니다. 우리는 그것을 체험하고 믿고 주장하며 살아가는 것입니다. 십자가에서 죽으시고 부활하신 예수님이 하늘과 땅의 모든 권세를 하나님으로부터 위임받아 이 땅에 하나님의 권위를 나타내고 계신 것입니다.

마지막 최종적으로 하나님의 모든 권위가 회복되는 그날, 하나님을 대적한 모든 것들은 불에 타 없어질 것입니다. 하나님의 권위를 끝까지 거역하다 불에 타 사라지는 세력에 포함될 것인가, 아니면 이 땅에서 하나님의 권위에 순종하며 살다가 하나님의 권위를 높이고, 하나님의 권위를 대행하고, 하나님의 권위로 함께 세상을 심판하며 다스리는 역할을 할 것인가, 우리는 이 갈림길 앞에 서 있습니다. 이성적으로 판단해도 어느 편에 서야 될지는 너무나도 분명합니다. 하나님의 권위에 대항해서 멸망할 것인가, 아니면 하나님의 권위에 순종하며 영원히 살 것인가? 너무나도 분명한 길을 사람들은 왜 택하지 않습니까? 그 영혼이 하나님을 대적하는 세상의 악한 영의 영향 속에 있기 때문입니다. 왜 기도하지 않습니까? 하나님의 권위에 대한 반항입니다. 육신이 약해서가 아니라, 우리 속이 악해서 기도하지 않는 것입니다. 우리 마음속에 기도를 거부하고 하나님의 권위를 인정하지 않는 모든 것들은 다 무너져야 합니다. 그것이 성령 충만입니다.

권위에 대한 예수님의 태도

예수님은 당신의 권위에 대해 세 가지 태도를 늘 강조하셨습니다. 첫째는, 예수님은 당신의 권위가 하나님의 권위라는 것을 늘 강조하셨습니다.

> "나는 아무것도 내 마음대로 할 수 없다"(요 5:30).

> "그 날짜와 그 시각은 아무도 모른다 … 오직 아버지만 아신다"(마 24:36).

예수님은 당신의 모든 것을 아버지의 뜻과 권위에 순종한다고 말씀하셨습니다.

그래서 둘째로, 예수님은 당신에게 영광이 돌려지지 않도록 주의하셨습니다. 세상의 권세는 언제나 스스로 높아지는 것에 목적을 둡니다. 그러나 진정한 권위는 하나님에게만 영광이 되도록 하는 것입니다. 어떤 지도자가 진정한 권위자인가, 아니면 권력자인가는 무엇을 통해 알 수 있습니까? 영광을 어느 쪽으로 돌리는지를 보면 알 수 있습니다. 자기 스스로 영광을 받는 자는 세상의 권세와 타협한 자요, 하나님에게만 영광을 돌리는 자는 바로 하나님의 권위를 위임받아 사용하는 지도자인 것입니다. 어떤 지도자나 설교자에게 영향을 받되 사람에게 주목하지 마십시오. 우리는 진정한 권위이신 하나님에게 주목해야 합니다. 목회자는 하나님과 성도를 연결해 주는 중매자일 뿐입니다.

셋째로, 예수님은 당신의 권위를 다른 사람들을 섬기는 데 사용하셨습니다. 참된 권위는 다른 사람을 힘 있게 하고, 살아나게 하고, 그들을 하나님에게로 인도하는 데 사용됩니다. 하지만 세상의 권세와 권력은 다른 사람들을 희생해서라도 자기의 권세를 더 많이 추구하려 합니다. 예수님의 권위는 역사상 어느 누구보다도 더 강하게 나타났습니다. 왜 그럴까요? 스스로를 세우지 않고 하나님의 권위만을 나타내셨기 때문입니다. 하나님의 권위는 지극히 높으신 분의 권위입니다. 하나님을 대적하는 자는 반드시 망합니다. 그러나 하나님의 권위에 순종하고 대행하고 그분에게 영광을 돌린 자들은 그 누구도 무너뜨릴 수 없습니다.

본문은 예수님의 권위가 섬김을 통해 나타났다고 말씀합니다.

"그러나 너희가 그래서는 안 된다. 오히려 너희 중 가장 큰 사람은 가장 어린 사람과 같이 돼야 하고 다스리는 사람은 섬기는 사람과 같이 돼야 한다. 누가 더 높은 사람이냐? 밥상 앞에 앉아 있는 사람이냐, 그를 시중드는 사람이냐? 밥상 앞에 앉아 있는 사람이 더 높지 않느냐? 그러나 나는 섬기는 사람으로 너희 가운데 있다"(눅 22:26-27).

'그러나 나는 섬기는 사람으로 너희 가운데 있다.' 얼마나 충격적인 말씀입니까? 예수님이 우리에게 보여 주신 하나님 나라와 하나님의 권위는 이 땅 위에 어떻게 나타났습니까? 군림과 지배와 권력의 형태가 아니라 섬김으로, 그리고 십자가에서 죽으심으로 나타났습니다. 세상은 누군가를 섬기고 돕는 것을 약함의 증거라고 생각합니다. 반대로 자기를 높이고 자기를 섬기게 할 때 사람들은 자신을 높다고 여기며, 그것을 권위라고 생각합니다. 그러나 예수님은 지극히 높으신 하나님의 권위를 가지고 이 땅에서 섬기면서 십자가의 죽으심, 낮아지심으로 하나님의 권위를 나타내셨습니다.

하나님은 지극히 높은 권위를 가진 분이십니다. 그런데 그분이 육신이 되어 이 땅에 오셨습니다. 우리를 섬기시되 우리를 대신해서 희생해 십자가에 달려 돌아가시기까지 우리를 섬기셨습니다. 그분은 세상에 군림하고 하늘에서 우리를 무섭게 징벌하며 통치하시는 그런 하나님이 아니라, 우리를 징벌하고 영원한 벌에 처하게 하시기 이전에 먼저 우리에게 회개의 기회를 주시기 위해 낮아지고 죽으심으로 우리를 섬기는 하나님이십니다. 그러므로 하나님의 권위는 진정한 권위인 것입니다.

세상의 권세 vs. 예수님의 권세

세상의 권세와 예수님의 권세는 어떻게 다릅니까? 첫째, 세상의 권세는 타이틀(title)을 중요하게 생각하지만, 예수님은 타월(towel), 곧 수건을 가지고 섬기셨습니다. 둘째, 세상의 권세자들은 파워(power), 곧 권력을 행사하고 휘두르지만, 예수님은 파워가 아닌 패션(passion), 곧 고난 받으심으로 섬기셨습니다. 세상의 권력자들 중 고난을 자청하는 사람은 없습니다. 그러나 예수님은 그 지극히 높으신 하나님의 권위로 십자가에서 죽기까지 순종하심으로 우리를 대신하는 고난을 당하셨습니다.

> "예수께서 그들에게 말씀하셨습니다. '이방 사람의 왕들은 자기 백성들을 다스리며 권세 부리는 자들은 자칭 '백성들의 은인'이라고 한다 … 너희는 내가 시련을 겪는 동안 나와 함께한 사람들이다'"(눅 22:25, 28).

셋째, 세상의 권세자들은 스스로를 백성들의 은인이라고 말했지만, 예수님은 모든 사람들로부터 은인으로 여김 받으셨습니다. 당시 왕조 시대에 자칭 '백성들의 은인'이라고 부르는 왕이 있었다고 합니다. 백성들로 하여금 그렇게 부르도록 강요한 것입니다. 이것은 세상 권력의 추악한 모습이요, 정신적인 착취입니다. 진정한 사랑과 돌봄과 섬김을 통해 모든 사람들이 은인으로 여기는 것이 아니라,

자기 스스로를 백성들의 은인으로 만든 것입니다. 예수님은 사람들에게 '나를 은인으로 생각하라'고 한 번도 말씀하지 않으셨습니다. 그러나 예수님의 섬김과 십자가의 대속의 죽음을 통해 사람들은 모두 예수님을 은인으로 생각합니다. 자칭이 아닙니다. 모든 사람들이 예수님을 은인으로 여기는 것입니다.

세상에서 작은 자, 하나님 나라에서 큰 자

"그러나 너희가 그래서는 안 된다. 오히려 너희 중 가장 큰 사람은 가장 어린 사람과 같이 돼야 하고 다스리는 사람은 섬기는 사람과 같이 돼야 한다"(눅 22:26).

가장 큰 사람은 누구입니까? 어떤 지위나 힘으로 권력을 행사하는 사람이 아니라, '가장 어린 사람'과 같은 사람입니다. 예수님은 하나님 나라의 교훈을 주실 때 어린아이에 대해 많이 말씀하셨습니다. 어린아이와 같이 된다는 게 어린아이의 모든 면을 말씀하시는 것은 아닙니다. 그렇다면 어린아이는 어떤 면에서 가장 큰 사람이 될 수 있을까요? 이는 권위에 대한 어린아이의 태도를 말씀하시는 것입니다. 어린아이는 사람을 조종할 줄 모릅니다. 권력을 만들어 행사할 줄도 모릅니다. 이는 세상의 권세에 무지하다는 것입니다. 또한 다른 사람을 차별하는 편견이 아직 없습니다. 다른 사람을 움직여서 자기 뜻대로 할 수 있는 능력도, 자신을 은인으로 만드는 기술도 없습니다. 요약하면, 어린아이는 세상의 권력과 권세에 낯설다는 것입니다.

어린아이처럼 그렇게 세상의 권세에 대해 무지한 자로 세상에서 승리하는 것이 가능할까요? 사람들은 그런 일을 잘 보지 못했기 때문에 불가능하다고 여깁니다. 그러나 하나님은 살아 계시기에 세상에서는 어린아이와 같은 사람들이 무시당해도 살아 계신 하나님, 곧 모든 권위를 가지신 분이 그 영혼을 보호하고 귀하게 사용하십니다. 세상의 권세와 권력에 대해선 어린아이가 되십시오. 그것이 하나님 나라가 이 땅에 임하는 통로고, 지극히 큰 자가 되는 길입니다. 큰 자가 되기 위해 섬기라는 것이 아닙니다. 누군가를 섬기고 있다면, 어린아이처럼 세상을 살아가고 있다면 이미 하나님 나라의 큰 자가 되어 있다는 것입니다.

"그러니 내 아버지께서 내게 나라를 맡겨 주신 것처럼 나도 너희에게 나라를 맡긴다. 너희는 내 나라 안에 들어와 내 밥상에 앉아 먹고 마시며 보좌에 앉아 이스라엘의 열두 지파를 심판하게 될 것이다"(눅 22:29-30).

그리스도 안에 있는 하나님 나라의 백성들은 주님 나라 안에서 보좌에 앉아 함께 다스리는 일을 하게 될 것입니다. 이 땅 가운데 주님이 우리에게 맡기신 권위를 섬김을 통해 바르게 사용함으로 우리 가운데 하나님 나라가 임하는 역사가 일어나야 합니다. 우리는 어린아이처럼 그렇게 하나님 나라의 권위를 회복해야 합니다.

어떤 지도자나 설교자에게 영향을 받되
사람에게 주목하지 마십시오.
우리는 진정한 권위이신 하나님에게 주목해야 합니다.
목회자는 하나님과 성도를 연결해 주는 중매자일 뿐입니다.

"그때 사람들이 귀신이 들려서 눈멀고 말하지 못하는 사람을 예수께 데리고 왔습니다. 그리고 예수께서 이 사람을 고쳐 주시자 그 사람이 말도 하고 볼 수 있게 됐습니다. 그러자 모든 사람이 놀라며 말했습니다. '이분이 혹시 그 다윗의 자손이 아닐까?' 그러나 이 말을 듣고 바리새파 사람들은 '이 사람이 귀신의 왕 바알세불의 힘을 빌려 귀신을 내쫓는다'라고 말했습니다. 예수께서는 그 생각을 아시고 그들에게 말씀하셨습니다. '어떤 나라든지 서로 갈라져 싸우면 망하게 되고 가정도 서로 갈라져 싸우면 무너진다. 사탄이 사탄을 쫓아내면 사탄이 스스로 갈라져 싸우는 것인데 그렇다면 사탄의 나라가 어떻게 설 수 있겠느냐? 내가 바알세불의 힘을 빌려 귀신들을 내쫓는다면 너희 아들들은 누구의 힘을 빌려 귀신들을 쫓아내느냐? 그러므로 그들이야말로 너희 재판관이 될 것이다. 그러나 내가 하나님의 영을 힘입어 귀신들을 쫓아낸다면 하나님 나라가 이미 너희에게 온 것이다. 사람이 먼저 힘센 사람을 묶어 놓지 않고서 어떻게 그 사람의 집에 들어가 물건을 훔칠 수 있겠느냐? 묶어 놓은 후에야 그 집을 털 수 있을 것이다.' '나와 함께하지 않는 사람은 나를 반대하는 사람이고 나와 함께 모으지 않는 사람은 흩어 버리는 사람이다. 그러므로 내가 너희에게 말한다. 사람의 모든 죄와 신성 모독하는 말은 용서받겠지만 성령을 모독하는 것은 용서받지 못할 것이다. 누구든지 인자를 욕하는 사람은 용서받겠지만 성령을 모독하는 사람은 이 세대와 오는 세대에서도 용서받지 못할 것이다"(마 12:22-32).

10.
사탄과 하나님 나라

사탄의 나라를 무너뜨리는 길은 단 한 가지입니다.
예수 그리스도와 함께 하나님 나라에 거하는 것입니다.

성도들이 영적 전쟁에서 패배하는 까닭은 사탄에 대한 두 가지 잘못
된 태도를 가지고 있기 때문입니다. 첫째는, 사탄을 과소평가합니다.
이는 사탄을 전설이나 만들어 내는 존재 정도로 여기거나 혹은 그 존
재 자체를 부인하는 태도입니다. 그래서 사탄이 놓은 은밀한 덫에 빠
지게 되는 것입니다. 과학이 발전하면서 사람들은 영적 세계에 대해
서 점점 더 둔감해집니다. 물질, 기술, 문명의 발전처럼 눈에 보이는
것을 전부라고 생각하기 때문입니다. 보이지 않는 영적 세계에 대한
감각이 점점 둔해지기 때문입니다. 과학 기술이 이처럼 발달하지 않
았던 시대에는 보이지 않는 세계에 보다 더 민감했습니다. 그때는
사탄의 존재에 대해서 사람들이 분명하게 인식하고 있었습니다.

둘째는, 사탄의 존재를 과대평가하는 것입니다. 그래서 우리에게 일어나는 모든 일들을 다 사탄과 연관 지어 해석하는 것입니다. 특별히 병이 들었거나 원하는 일이 잘되지 않을 때, 또는 뜻하는 바대로 인생이 풀리지 않을 때 이 모든 것을 사탄과 연결시켜 그를 하나님처럼 높이는 결과를 초래합니다. 이는 하나님을 모독하는 것입니다. 우리에게는 하나님을 바라보지 않고 사탄만 바라보는 것의 위험이 언제나 도사리고 있습니다.

사탄이 강한 이유는 우리가 그에게 힘을 실어 주었기 때문입니다. 사탄은 우리가 믿는 만큼 힘을 가집니다. 직경이 139만 킬로미터나 되는 태양을 작은 동전으로 가릴 수 있는 방법이 있습니다. 그것은 동전을 자기의 눈 가까이에 대는 것입니다. 그러면 태양이 가려집니다. 사탄은 전능하지 않습니다. 그러나 능력이 있습니다. 비록 그가 가진 능력이 하나님의 전능하신 능력에 비하면 작을지라도 그것을 우리 삶에 가까이 가져다 대면 하나님의 전능하신 능력이 가려지게 됩니다. 사탄은 하나님의 절대 주권 아래 있습니다. 그래서 하나님이 허용하시는 한에서만 활동할 수 있습니다. 하나님이 사탄의 활동을 허용하신다는 것이 하나님이 악을 행하신다는 것은 아닙니다. 하나님의 거대한 계획의 일부로서 제한적으로 그 역할을 하고 있을 뿐입니다.

하나님은 왜 사탄을 내버려 두시는가

하나님은 지금 이 순간에도 사탄을 멸하실 수 있습니다. 그런데 그가 활동하도록 내버려 두시는 두 가지 이유가 있습니다. 첫째는, 사람 안에 있는 죄를 드러내시고 사람들이 얼마나 거짓된 신들을 섬기고 있는지를 확인시키고 확증하시기 위함입니다. 하나님은 불순종하는 백성을 악한 적의 손에 넘겨 징계하시고 때로 심판하십니다. 사울 왕이 하나님에게 불순종했을 때 그는 악령에 의해 괴롭힘을 받았습니다. 그때 그 악령을 성경은 이렇게 표현합니다.

"하나님께서 보내신 악한 영"(삼상 16:15).

하나님이 악령을 보내신다니 참 이해하기 힘듭니다. 그러나 이것은 세상의 어떤 악하고 영적인 세력도 하나님의 절대 주권 아래 있다는 것입니다. 하나님은 악을 행할 수 없으십니다. 그래서 하나님은 악한 영을 일시적으로 허용하심으로써 불순종하는 이들을 징계하십니다. 그러나 하나님의 징계의 궁극적인 목적은 하나님에게로 나아오게 하는 것입니다. 아무리 강한 악한 영에 사로잡혀 있다 할지라도 하나님이 생명을 주시고 구원하기로 결정하신 영혼은 천만의 악마가 방해해도 결코 막지 못합니다. 결국 하나님의 주권이 승리하시는 것입니다.

둘째는, 택하신 이들을 정결하게 하시고 또 순종하는 이들을 더 강하게 연단하시기 위함입니다. 마틴 루터(Martin Luther)는 사탄을 가리켜 "하나님의 정원을 가꾸는 데 필요한 괭이와 같은 공구다"라고 지적합니다. 구약에서 욥이라는 경건한 성도가 당한 고난을 기억할 것입니다. 그는 심한 고난을 받았습니다. 그 목적은 정금 같은 믿음으로 그를 정결하게 하시려고 사탄이 그를 공격하도록 하나님이 일시적으로 허용하신 것입니다. 하나님이 의롭게 여기시고 때로 자랑하실 만한 욥에게 사탄이 공격하도록 허용하심으로 하나님의 선하신 능력과 욥의 믿음을 드러내신 것입니다.

신약에서는 바울이 사탄의 가시를 경험했다고 했습니다. 하나님은 왜 사도 바울이 여러 번 그 가시를 제거해 달라고 기도했지만 제거해 주지 않으셨습니까?

"받은 계시들이 지극히 큰 것을 인해 나로 교만하지 않게 하시려고 내 육체에 가시 곧 사탄의 사자를 주셨습니다 … 내 은혜가 네게 족하다. 왜냐하면 능력이 약한 데서 온전해지기 때문이다"(고후 12:7, 9).

바울은 엄청난 기적의 통로가 되었지만, 약할 때 강함 주시는 하나님을 경험하게 하시려고 사탄의 가시를 허용하신 것입니다.

사탄은 불순종하는 이들에게는 하나님의 정의를 실행하는 도구가, 순종하는 이들에게는 하나님의 연단을 이루시는 수단이 됩니다.

사탄은 하나님의 주권 아래 있기 때문입니다. 그런데도 사탄은 끊임없이 하나님의 주권에 도전합니다. 그는 지옥에 떨어지는 그 순간까지도 도전할 것입니다. 《실낙원》이라는 작품을 쓴 밀턴(John Milton)은 천사가 사탄이 된 이유를 이렇게 설명합니다.

"하늘의 종이 되기보다 지옥의 왕이 되는 편을 택했기 때문이다."

사탄은 하나님에게 독립을 선언한 후 하나님 나라를 훼방하고 자신의 나라를 만들려고 거짓을 사용하고 있습니다. 어떤 사람은 그런 사탄의 시도를 가리켜 '우주적 도박'이라는 표현을 썼습니다. 그리고 그 도박은 실패했습니다. 인간이 타락한 것은 그 우주적 도박에 함께 참여했기 때문입니다. 사탄은 우리가 죄를 지어 자신과 같아지기를 원합니다. 그러나 하나님은 우리가 성령으로 거듭나 예수 그리스도처럼 되기를 원하십니다. 그래서 하나님의 아들을 십자가에 내어 주셔서 우리 대신 죽게 하심으로 우리를 살리는 길을 열어 주신 것입니다. 하나님은 그 아들을 사탄을 대신해서 죽게 하지 않으셨습니다. 우리를 대신해서 죽게 하셨습니다. 사탄의 운명은 정해진 것입니다. 그러나 우리의 운명에는 해결책이 있습니다. 인간의 운명에는 구원의 길이 있다는 것입니다. 예수님이 세상에 오신 것은 사탄의 나라를 무너뜨리고 사탄의 포로 된 이들을 하나님 나라로 인도하시기 위함입니다.

마귀의 일을 멸하시는 하나님

"죄를 짓는 사람은 누구나 마귀에게 속해 있습니다. 마귀는 처음부터 죄 짓기를 일삼아 왔기 때문입니다. 하나님의 아들이 나타나신 것은 마귀의 일을 멸하시기 위한 것입니다"(요일 3:8).

위의 말씀은 '죄를 짓는 사람', 곧 죄 가운데 태어나 죄를 짓는 모든 이들은 다 마귀에게 속해 있다고 말씀합니다. 왜입니까? 죄를 짓는 순간, 그 본성 자체가 마귀가 이용하는 도구가 되기 때문입니다. 하나님의 아들 예수 그리스도가 이 세상에 오신 것은 마귀의 일을 멸하고 하나님 나라가 임하도록 하시기 위함입니다. 그래서 사탄에 대해 무지하면서 하나님 나라를 이해하고 경험할 수는 없습니다. 하나님 나라가 임한 곳에는 반드시 사탄의 세력이 떠나가는 일이 일어나기 때문입니다.

예수님은 귀신들을 많이 내어 쫓으셨습니다. 그것은 하나님 나라의 임재를, 그리고 하나님 나라의 실재를 사람들에게 보여 주신 사건입니다. 실제로 우리 안에 하나님 나라가 임하면 내 안에 있는 거짓된 영들 및 사탄의 종노릇하던 죄의 습관들이 떠나갑니다. 사탄의 영향력이 떠나가는 것입니다. 예수님이 귀신을 내쫓고 병을 치료하고 고치시는 것을 보고 바리새인들은 그가 귀신의 왕, 곧 사탄을 힘입어서 귀신을 내쫓는 것이라고 예수님을 모함했습니다. 선한 것을 악한 것이라 거짓으로 모함하는 것입니다. 얼마나 어처구니없는 거짓말입니까. 선한 역사임이 너무나 분명함에도 불구하고 이를 악한 영이라고 모함하는 이들은, 예수님에게서 큰 능력이 나타났다는 것은 부인할 수 없으니까 그 능력이 하나님으로부터 왔다고 인정하면 예수님을 믿고 받아들여야 하기에, '악한 영으로부터 나온 것이다', '귀신의 왕의 힘을 빌려 귀신을 내쫓는 것이다'라고 부당한 모함을 한 것입니다. 종교 개혁이 일어났을 때 로마 교황청 또한 종교 개혁자들을 이런 부당한 비판과 거짓으로 모함했습니다.

예수님은 이들의 악함을 드러내시면서 몇 가지 비유로 교훈하십니다.

"예수께서는 그 생각을 아시고 그들에게 말씀하셨습니다. '어떤 나라든지 서로 갈라져 싸우면 망하게 되고 가정도 서로 갈라져 싸우면 무너진다. 사탄이 사탄을 쫓아내면 사탄이 스스로 갈라져 싸우는 것인데 그렇다면 사탄의 나라가 어떻게 설 수 있겠느냐?'"(마 12:25-26)

예수님은 사탄에게 나라가 있다고 말씀하셨습니다. 사탄도 공동체를 이룬다는 것입니다. 사탄도 서로 협력한다는 것입니다. 사탄도 최대한 안 싸운다는 것입니다. 이들은 사랑과 우정이 아닌 탐욕으로 안 싸우는 것입니다. 이 악한 이들이 서로 지독하게 뭉치는 나라가 있는데 거기에도 명령하고 수행하는 어떤 체계적인 질서가 있다니 참으로 놀랍습니다. 그리고 그 나라는 내분을 일으키지 않습니다. 그런데 하나님의 백성이 모인 곳에서는 내분이 일어납니다. 이는 우리가 도전받아야 할 모습입니다.

예수님은 그들에게 이렇게 다시 도전하셨습니다. '너희 말대로 내가 사탄의 힘을 빌려서 그 사탄의 졸개 노릇 하는 귀신들을 내쫓는 것이라면 사탄의 나라가 붕괴돼야 되는 거 아니냐? 사탄도 그런 짓은 하지 않는다.' 그러면서 도리어 예수님은 사탄보다 더 힘 있는 자로 그들을 내쫓을 것이라는 교훈을 주셨습니다.

"그러나 내가 하나님의 영을 힘입어 귀신들을 쫓아낸다면 하나님 나라가 이미 너희에게 온 것이다. 사람이 먼저 힘센 사람을 묶어 놓지 않고서 어떻게 그 사람의 집에 들어가 물건을 훔칠 수 있겠느냐? 묶어 놓은 후에야 그 집을 털 수 있을 것이다"(마 12:28-29).

이 비유를 읽으면서 당황스럽게 느껴지는 것은, 예수님이 당신을 도둑으로 비유하신 것처럼 보인다는 것입니다. 예수님이 도둑이시라는 말입니까? 만일 악한 자가 선한 이의 어떤 소중한 물건을 악으로 탈취해서 자신의 집에 가지고 있다면, 그리고 한 선한 자가 그 악한 자의 집에 들어가 선한 이의 소중한 물건을 되찾는 일을 한다면 그 사람을 도둑이라 할 수 있을까요? 만일 악한 자가 사람들을 납치해서 힘으로 가둬 놓고 착취하고 죽이려 한다면, 그 집에 들어가 그

힘세고 악한 자를 결박하고 납치당한 사람들을 구원하는 사람을 도둑이라 할 수 있겠습니까? 우리는 그런 사람들을 선한 군사라 부릅니다. 예수님은 특공 사령관으로 세상에 오신 것입니다.

십자가를 통한 반전의 승리

예수님은 사탄을 강한 자라 말씀하셨지만, 그렇게 말씀하신 것은 예수님 당신이 그 강한 자를 결박하고 구원하실 수 있는 더 강한 자임을 알게 하시기 위함입니다. 사탄은 그래서 그리스도가 오셨을 때 그분의 역사가 임하지 못하도록 방해하고 공격했습니다. 예수님이 태어나셨을 때 베들레헴의 헤롯을 통해 영아들을 다 학살하게 한 것입니다. 또한 유혹을 통해 넘어뜨리려고 했습니다. 그리고 가룟 유다를 통해 배신해서 악한 이들의 마음을 자극해 십자가에 못 박아 죽였습니다. 그는 모든 게임이 끝난 줄 알았습니다. 하지만 그것이 사탄의 한계입니다.

　사탄은 그 마음에 사랑과 희생, 용납과 용서와 화목이 없기에 죽이면 끝나는 줄 알았습니다. 그는 십자가를 통해 온 세상을 구속하시고 거룩하지 못한 자들을 의롭게 하시는, 용서와 사랑으로 회복시키시는 하나님의 능력을 깨닫지 못했던 것입니다. 자기가 승리했다고 생각한 십자가가 자신이 영원히 패배하는 십자가가 될 것을 알지 못한 것입니다. 부활의 영광이 십자가 뒤에 기다리고 있음을 알지 못한 것입니다.

> "또한 십자가로 권력들과 권세들을 무장 해제시키시고 그들을 공개적인 구경거리가 되게 하셨습니다"(골 2:15).

예수님은 하나님 나라를 무너뜨리고 하나님의 백성을 사로잡는 사탄의 권세를 십자가로 무장 해제시키시고 승리하셨습니다. 그리고 그 승리를 우리에게 나누어 주셨습니다. 문제는 여기서부터 우리의 믿음이 요구된다는 것입니다. 예수님의 승리가 나의 승리가 되도록 만드는 것은 우리의 믿음입니다. 예수님의 십자가에 우리 옛 사람이 함께 못 박히고 예수님과 함께 부활의 영으로 변화되는 체험이 있어야 예수님의 사탄을 이긴 승리가 나의 승리가 되는 것입니다. 예수님이 거두신 승리가 사탄이 더 이상 우리를 공격할 수 없다는 의미는 아닙니다. 사탄은 우리를 여전히 공격할 수 있습니다. 그런데 우리는 두려워할 필요가 없습니다. 그 승리를 체험하면 됩니다.

하지만 문제가 있습니다. 예수님의 승리는 우리의 승리와 차이가 있는 것처럼 보입니다. 그럴 때 천둥과 번개가 치는 하늘을 떠올려 보십시오. 둘 중 어느 것이 우리에게 먼저 느껴집니까? 번개입니다. 번쩍하는 번개가 먼저 보이고 소리는 나중에 들립니다. 그 차이가 크진 않지만 분명한 차이가 있습니다. 동시적 사건이지만 우리는 약간의 시간차를 두고 경험합니다. 왜입니까? 소리가 빛보다 그 속도가 느리기 때문입니다.

예수님의 십자가의 승리도 마찬가지입니다. 이는 우리의 승리가 될 수 있는데 지금 그 소리가 먼 곳에서부터 들려오고 있는 것입니다. 이 십자가의 승리의 소리를 듣지 못한 이들은 사탄에게 속아 아직도 그를 두려워하며 그에게 종노릇할 수 있습니다. 그럼 우리는 어떻게 이 승리의 소식을 듣고 예수님의 승리를 나의 승리로 체험할 수 있을까요?

그리스도와 함께함으로 경험하는 승리

"나와 함께하지 않는 사람은 나를 반대하는 사람이고 나와 함께 모으지 않는 사람은 흩어 버리는 사람이다"(마 12:30).

사탄의 나라를 무너뜨리고 하나님 나라를 우리에게 주시는 그 예수님의 승리를 체험하는 길은 단 한 가지입니다. 예수 그리스도와 함께하는 것입니다. 그분과 동행하고 그분 안에 거하는 것입니다. 믿음에 중간 지대는 없습니다. 그리스도와 함께하지 않으면 그리스도를 반대하는 것입니다. 왜 그렇습니까? 그리스도와 함께하지 않으면 우리는 사탄의 공격을 이길 수 없기 때문입니다. 사탄의 공격을 이기고 승리할 수 있는 유일한 길은 바로 그리스도와 함께하는 것입니다.

하나님 나라는 그리스도 안에서 경험하는 것입니다. 그리스도와 함께 우리에게 주어진 것입니다. 하나님 나라의 문을 여는 열쇠는 예수 그리스도의 십자가입니다. 그 십자가에서 우리 옛 사람이 예수님과 함께 못 박힐 때, 사탄이 우리를 공격하고 사로잡을 수 있는 근거인 사탄의 협조자가 되는 우리의 옛 성품이 사라질 때 하나님 나라가 우리 가운데 온전히 경험되는 것입니다.

〈동물의 왕국〉 같은 TV 프로를 보면 동물의 사체에 까마귀 떼들이 모여서 살점을 뜯어먹는 것을 볼 수 있습니다. 그러다 어느 한순간 까마귀 떼가 다 떠나 버립니다. 더 이상 먹을 게 없기 때문입니다. 하나님이 그리스도의 십자가로 우리를 해결하신 것은 사탄이 우리를 뜯어먹을 게 없게 만들어 버리신 것입니다. 죽은 자가 되는 것입니다. 죄에 대해서, 옛 사람에 대해서 죽은 자가 되는 것입니다. 썩어가는 사체에 파리 떼들이 막 몰려듭니다. 하지만 어느 한순간에 파리 떼도 다 떠나게 됩니다. 언제 떠납니까? 그 사체가 매장되는 순간입니다.

우리의 옛 사람이 십자가에서 완전히 죽음으로 매장되면 우리에게 붙어 다니던 사탄의 모든 파리 떼들은 다 떠나게 됩니다. 양을 뒤쫓던 늑대가 그 양이 목자 근처에 머무르면 단념하고 떠나는 것처럼 말입니다. 미얀마의 한 선교사님에게 들은 이야기입니다. 단기 선교를 간 팀이 웅덩이에 빠져 온몸에 거머리들이 붙었습니다. 놀란 성도들은 거머리를 떼어 내려다가 살점이 떨어져 나가는 고통을 맛보아야 했습니다. 그런데 숙소에 도착해서 알게 된 사실은, 향기로운 따뜻한 오일에 몸을 담그면 거머리들이 저절로 떨어져 나간다는 것입니다.

죄악 가운데 있는 우리의 성품으로는 사탄을 이길 수 없습니다. 하지만 우리의 옛 사람을 예수 그리스도와 함께 십자가에 못 박고 부활한 새 생명 가운데서 그리스도와 함께 사탄을 향해 명하면 사탄은 떠나갑니다. 하나님 나라가 우리 가운데 임하는 것입니다. 마틴 루터는 이런 고백을 했습니다.

"마귀가 내 마음에 와서 문을 두드리면 예수님을 문밖에 나가시도록 하겠다. 그때 예수님은 이렇게 응대하실 것이다. '루터는 전에 여기 살았지만 지금은 이사해서 나갔다. 이제는 내가 여기에 산다.' 그때 마귀가 예수님의 손에 있는 못 자국과 창에 찔린 옆구리를 보면 줄행랑을 칠 것이다. 문을 두드리는 소리가 아무리 요란해도 당신이 열지 말고 예수님이 나가서 여시게 하라."

사탄의 나라를 무너뜨리고 우리에게 하나님 나라를 선물하신 그리스도 안에서 그리스도와 함께 사랑하는 역사를 거부하면 성령을 모독하는 것입니다. 성령의 역사는 우리가 그리스도와 함께 십자가에 죽고 그리스도 안에 살도록 하시는 역할이므로, 그리스도를 반대하고 그리스도와 함께하지 않는 삶 자체가 성령을 모독하는 것입니다. 그 길에는 용서가 없습니다. 이는 하나님의 용서에 제한이 있다는 것이 아니라, 하나님을 끝까지 거부한 이 운명은 사탄과 같을 수밖에 없다는 것입니다. 그러므로 우리는 그리스도와 함께, 그리스도 안에서 하나님 나라를 경험하며 살아야 합니다.

예수님이 세상에 오신 것은

사탄의 나라를 무너뜨리고

사탄의 포로 된 이들을

하나님 나라로 인도하시기 위함입니다.

"형제들이여, 우리는 여러분으로 인해 하나님께 항상 감사하지 않을 수 없습니다. 이렇게 하는 것이 마땅합니다. 이는 여러분의 믿음이 점점 자라나고 여러분 모두가 각자 서로에게 나타내는 사랑이 풍성하기 때문입니다. 그러므로 우리는 여러분이 당한 모든 핍박과 환난 가운데 보여 준 여러분의 인내와 믿음으로 인해 친히 하나님의 교회들 가운데 자랑합니다. 이것은 여러분을 하나님 나라에 합당한 사람들이 되게 하시려는 하나님의 공의로우신 심판의 표입니다. 그 나라를 위해 여러분도 고난을 받고 있습니다"

(살후 1:3-5).

11.
고난과 하나님 나라

고난은 인내와 연단을 통해서
우리를 하나님 나라에 합당한 자로 변화시킵니다.

인생의 밑바닥에는 고난이 깔려 있습니다. 삶이 깨어지는 경험을 통해 우리는 비로소 삶에는 기쁨보다 고난이 훨씬 더 많다는 것을 발견하게 됩니다. 우리가 건강하고 기쁨이 넘칠 때는 성경이 매우 비현실적이고 비실제적인 책으로 여겨집니다. 그러나 고난을 겪으면서 우리는 성경 말씀이야말로 가장 현실적이고 실제적인 책이라는 것을 깨닫게 됩니다. 성경에는 하나님이 인생의 수많은 고난을 통해서 하나님의 살아 계심을 어떻게 나타내셨는가를 보여 주는 기록이 넘쳐나기 때문입니다. 성경은 고난을 외면하지 않습니다. 성경은 고난에 정면으로 맞섭니다.

고난을 멋지게 통과하라

고난은 우리가 가진 환상이라는 풍선을 터뜨리는 바늘과 같습니다. 때로 사람들은 고난을 피하려다가 더 큰 고난을 겪기도 합니다. 고난이 주는 고통을 잊으려고 찾은 술 때문에 알코올중독에 빠지거나, 아니면 또 다른 중독적인 행동으로 고통을 부인하거나 피하려다가 더 큰 고난을 겪게 됩니다. 고난을 피하려 할수록 필연적으로 새로운 고난을 만나게 되는 것입니다. 그래서 결국 새로운 고난까지 덧입게 되어 더욱 불행해지는 것입니다. 고난 속에서 더 천박해지고 더 악마처럼 변해갈 수 있는 것입니다.

고난을 피할 수 있는 길은 없습니다. 고난 속에서 낙심하고 방황하며 더 천박해지든지, 아니면 고난을 통과하고 변화를 경험하며 더 멋지고 영광스럽게 달라지든지, 우리에게는 두 가지 길밖에 없습니다. 고난 속에서 방황하는 사람은 고난을 사랑의 정반대라고 생각합니다. 사랑의 하나님이 살아 계시면 고난을 허락하시지 않을 것이라고 생각합니다. 그러나 이 세상에서 가장 큰 하나님의 사랑은 어떻게 나타났습니까? 예수 그리스도의 고난을 통해 나타났습니다. 하나님의 아들이 받으신 고난은 하나님이 세상을 얼마나 사랑하시는지를 보여 주는 사건이었습니다.

세상에는 오직 한 부류의 사람들만이 이 고난을 멋지게 통과해서 새로운 변화를 경험합니다. 그들은 오직 예수 그리스도 안에서 하나님과 함께 고난을 지나는 사람들입니다. 예수 그리스도 안에서 하나님 나라의 부르심을 따르는 사람들입니다. 그들은 고난의 이유를, 우리를 하나님 나라에 합당하게 하시려는 하나님의 계획이라고 믿습니다.

> "이것은 여러분을 하나님 나라에 합당한 사람들이 되게 하시려는 하나님의 공의로우신 심판의 표입니다. 그 나라를 위해 여러분도 고난을 받고 있습니다 … 그러므로 우리는 항상 여러분을 위해 우리 하나님께서 여러분을 부르심에 합당한 사람이 되게 하시고 또한 모든 선한 뜻과 믿음으로 하는 일을 그분의 능력으로 이루어 주시기를 기도합니다"(살후 1:5, 11).

고난, 하나님의 개입하심

고난은 하나님의 개입입니다. 우리 삶에 하나님 나라가 임하도록, 또 하나님 나라에 우리가 합당한 자가 되게 하시려고 개입하시는 것입니다. 그 부르심의 계획이 크고 강할수록 하나님의 개입은 더 크고 강할 것이며, 그에 따른 고난도 더 클 것입니다. 사도 바울은 시리아 안디옥 지역에 있는 제자들을 격려하면서 이런 말로 권면했습니다.

"제자들의 마음을 강하게 하고 늘 믿음에 머물러 있도록 격려해 주었습니다. 또 '우리가 하나님 나라에 들어가려면 우리가 마땅히 많은 고난을 겪어야 한다'라고 말했습니다"(행 14:22).

여기서 오해하지 말아야 할 것은, 고난이 하나님 나라에 들어가는 자격이 아니라, 하나님 나라에 들어간 자가 그 나라에 합당한 자가되기 위해 하나님의 개입을 통해 받는 고난이 있다는 것입니다. 신약성경에서는 이러한 고난을 두 가지로 표현합니다.

그리스도의 고난에 참여함

첫째는, 그리스도의 고난에 참여하는 자가 된다는 말씀입니다.

"사랑하는 사람들이여, 여러분을 시험하려고 오는 불같은 시험이 있더라도 무슨 이상한 일이 여러분에게 일어난 것처럼 여기지 말고 오히려 여러분이 그리스도의 고난에 참여하게 된 것을 기뻐하십시오. 이는 그분의 영광이 나타날 때 여러분이 크게 기뻐하고 즐거워하게 하려는 것입니다"
(벧전 4:12-13).

베드로는 고난 속에 때로 불같은 시험이 다가올지라도 그리스도의 고난에 참여하게 된 것을 기뻐하라고 말씀합니다. 그리스도의 고난에 참여한다는 것은 무슨 의미일까요? 그리스도가 받으신 십자가의 고난과 동일한 고난을 받는다는 의미가 아닙니다. 우리가 어떤 의로운 고난을 받는다 할지라도 예수님의 십자가의 고난과는 결코 동일한 가치가 될 수 없습니다. 세상 모든 사람들의 고난을 다 합친 가치라 할지라도 단 한 분, 그리스도 예수의 고난의 가치에는 이를 수 없습니다.

그리스도의 고난에 참여한다는 것은 그리스도의 고난이 가져오는 유익을 우리가 믿음으로 나의 것이 되도록 한다는 것입니다. 우리에게는 이 또한 고통스러운 일입니다. 어떤 고통입니까? 우리의 옛 자아가 그리스도의 십자가에서 함께 죽음으로 그분이 우리에게 허락하신 고난을 통해 우리에게 주시는 구원과 축복을 함께 누리는 것이기 때문입니다.

"그리스도께서 육체의 고난을 받으셨으니 여러분도 같은 마음으로 무장하십시오. 이는 육체의 고난을 받으신 분이 죄를 끊으셨기 때문입니다. 그분은 우리가 더 이상 인간의 욕심을 따라 살지 않고 하나님의 뜻을 따라 육체의 남은 때를 살기 원하십니다"(벧전 4:1-2).

그리스도의 고난에 참여한다는 것은 우리의 옛 자아가 그리스도와 함께 죽음을 경험한다는 것입니다. 그리스도가 고난을 통해 죄를 끊는 역사를 이루셨기에 우리도 그분 안에서 그분에게 속하지 않은 모든 것을 다 죽여야 한다는 것입니다. 이게 말하기는 쉽지만, 하나님이 그리스도의 십자가 안에서 우리의 옛 자아에 대해 선고하신 죽음을 받아들이는 것은 매우 고통스러운 일입니다. 자기의 모든 권리, 곧 나의 옛 생명, 옛 자아에 대한 권리를 내려놓는 것은 그만큼 고통스러운 일입니다. 사도 바울은 이같은 고백을 했습니다.

"나는 그리스도와 그분의 부활의 능력을 알고 그분의 죽으심을 본받아 그분의 고난에 동참하는 것이 무엇인지 알기 위해 어떻게 해서든지 죽은 사람들 가운데서 살아나는 부활에 이르고자 합니다"(빌 3:10-11).

사도 바울은 끊임없이 그분의 고난에 동참하는 것이 무엇인지를 알기 원했습니다. 그리스도의 고난에 참여하지 않고서는 이 땅에서 하나님 나라를 경험할 수 없기 때문입니다. 우리가 세상에서 받는 모든 고난은 우리의 옛 성품을 드러냅니다. 우리가 얼마나 하나님 나라 밖에 있는 존재인지를 알게 합니다. 하나님과의 단절된 상태가 얼마나 고통스러운지를 깨닫게 합니다. 이 모든 고난을 이길 수 있는 고난이 그리스도의 고난입니다. 그리스도의 고난을 받아들이고 그 고난을 통해 십자가 앞에 나아가는 사람들은 이 세상의 어떤 고난이라 할지라도 유익이 됩니다. 축복이 되고 영광이 되는 것입니다. 이들은 이 세상에서 고난을 허락하신 하나님의 은혜를 발견하고 또 감사합니다.

본문 5절은 고난을 '하나님의 공의로우신 심판의 표현'이라고 말씀합니다. 우리는 대개 이 세상에서 고난당할 때 억울해하고 불평하고 왜 이런 고난이 나에게 닥쳐왔는지 이해하지 못하지만, 그리스도의 고난에 참여하는 자들은 우리의 옛 자아를 그리스도와 함께 십자가에 못 박으며 죽음을 경험했기 때문에, 고난 속에서도 하나님은 공의로우시다는 고백을 하나님 앞에 올려드릴 수 있는 것입니다.

알렉산드르 솔제니친(Aleksandr Solzhenitsyn)은 스탈린 시대에 러시아 강제 노동 수용소에서 수년 동안 수용 생활을 하고는 이런 고백을 했다고 합니다.

"감옥아, 내가 너를 축복하노라. 나는 거기서 내 영혼을 먹였으며, 그래서 나는 주저 없이 이렇게 고백할 수 있다. 내 인생에 네가 함께 있어서 축복이다. 감옥아, 내가 너를 축복하노라."

《천로역정》을 지은 존 버니언은 평신도 설교자로도 유명했는데, 그는 설교한다는 이유로 영국의 베드퍼드 감옥에 갇혀 12년 동안 투옥 생활을 했습니다. 그러나 그의 영혼은 오히려 그 기간 동안에 활짝 꽃피었습니다. 그는 그 기간 동안 자신이, 자신의 옛 성품이 십자가에서 어떻게 죽을지를 그리고 세상에 대해 어떻게 죽는지를 경험했다고 고백합니다. 그리고 보이지 않는 영원한 하나님을 의지하며 살아가는 것을 체험했다고 고백합니다. 그래서 그는 다시는 설교하지 않겠다고만 약속하면 감옥에서 풀려날 수 있었음에도 그것을 포기한 채 12년 동안의 감옥 생활을 스스로 선택했습니다. 그리고 그

감옥에서 《천로역정》이라는 하나님 나라로 가는 여정을 설명한 위대한 기독교 문학 작품을 만들 수 있었습니다. 이처럼 그리스도의 고난에 참여하는 것이 무엇인지 아는 사람은 고난을 다르게 해석합니다. 하나님 나라의 시각에서 그 고난은 유익이 되고 축복이 되고 감사의 제목이 되는 것입니다.

그리스도의 남은 고난을 채움

두 번째 표현은, 그리스도의 남은 고난을 채운다는 말씀입니다.

> "이제 나는 여러분을 위해 받은 고난을 기뻐하며 그리스도의 남은 고난을 그분의 몸 된 교회를 위해 내 육체에 채웁니다"(골 1:24).

그리스도의 남은 고난이란 무엇입니까? 그리스도가 십자가의 고난을 다 받지 않고 남겨두신 고난이 있기 때문에 십자가의 구속이 불완전하다는 뜻입니까? 아닙니다. 그분의 죽음은 모든 것을 다 이루신 죽음입니다. 모든 죄를 끊어 내고 승리하신 죽음입니다. 예수님은 완전한 고난을 받으셨습니다. 그렇다면 그리스도의 남은 고난이란 무엇을 의미하는 것일까요? 그것은 그리스도의 고난의 유익이 나뿐 아니라 다른 사람들에게, 세상에 전해지는 데 있어서 요구되는 고난을 뜻합니다. 그리스도의 고난을 통해 주시는 축복을 세상 속에 증거함에 있어 필요한 고난이라는 것입니다. 교회는 그리스도의 몸입니다. 그리스도가 세상에 성육신하신 것처럼 그리스도의 몸 된 교회도 세상 속에 성육신하는 존재로 세워져야 합니다. 이때 겪는 고난이 그리스도의 남은 고난입니다. 골로새서 1장 24절은 '여러분을 위해 받은 고난을 기뻐한다'고 말씀합니다. 그분의 몸 된 교회를 위해 기쁨으로 고난을 받는다는 것입니다.

그리스도의 고난의 축복이 온 세상에 증거되기 위해서 나에게 주어지는 모든 것, 그것이 바로 그리스도의 남은 고난에 참여하는 것입니다. 사도 바울은 그것을 자신의 육체에 채운다고 말했습니다. 그런데 그런 고난은 꼭 받아야 하는 것입니까? 걱정하지 마십시오. 그리스도의 남은 고난에 진짜 참여하는 사람에게는 언제나 기쁨이 충만합니다. 내가 지금 그리스도의 남은 고난에 참여하고 있느냐 아니냐를 평가할 수 있는 기준은 기쁨입니다. 기쁨으로 받는 고난이라는 것입니다.

우리 삶에도 이런 고난이 있습니다. 너무나 고통스럽지만 너무나도 기쁘고 영광스러운 고난입니다. 무엇입니까? 사랑하는 자녀를 출산하는 여인의 고난입니다. 이는 육체로 경험하는 고난입니다. 이 고난은 너무나 고통스럽고 때로는 생명이 위험하기도 합니다. 그러나 이러한 고난을 겪으면서도 기뻐합니다. 왜입니까? 생명이 주는 기쁨이 고난보다 크기 때문입니다. 사랑하는 이를 위해 자신의 장기 한 부분을 이식해 주는 것은 또 어떻습니까? 몸이 찢어지는 고통이 따르지만 고난이 강한 만큼 기쁨 또한 강한 것을 알 수 있습니다.

이처럼 내가 아닌 또 다른 영혼이 생명을 얻도록 해 주는 데서 기쁨이 샘솟습니다. 그리스도의 고난을 통해 우리에게 주신 부활의 생명을 내가 아닌 또 다른 사람이 얻을 수 있도록 해 주기 위해 고난 받는 것, 이것이 그리스도의 남은 고난을 우리의 육체에 채우는 것입니다. 데살로니가교회 성도들은 핍박과 환난 가운데 있었지만 인내와 믿음으로 하나님 나라에 합당한 자임을 보여 주었습니다. 그래서 바울은 이를 기뻐하며 감사하고 격려하는 것입니다.

> "형제들이여, 우리는 여러분으로 인해 하나님께 항상 감사하지 않을 수 없습니다. 이렇게 하는 것이 마땅합니다. 이는 여러분의 믿음이 점점 자라나고 여러분 모두가 각자 서로에게 나타내는 사랑이 풍성하기 때문입니다. 그러므로 우리는 여러분이 당한 모든 핍박과 환난 가운데 보여 준 여러분의 인내와 믿음으로 인해 친히 하나님의 교회들 가운데 자랑합니다"(살후 1:3-4).

사도 바울이 자랑할 정도로 데살로니가교회 성도들은 그리스도의 남은 고난에 참여하는 삶을 살았다는 것입니다. 이는 그들의 믿음과 사랑이 고난 속에서도 자라고 풍성해졌다는 것입니다.

기쁨으로 참여하라

몇 해 전 미국 뉴저지에 위치한 필그림교회의 소식을 들었습니다. 필그림교회는 초대교회와 더불어 건강하게 잘 성장하는 교회였습니다. 그런데 필그림교회가 속한 노회 교단이 동성애를 합법화했을 뿐만 아니라 동성애자를 목회자로 안수하는 데까지 이르렀습니다. 이 일로 많은 한인 교회들이 갈등하며 교단 이전을 결정하게 되었습니다. 그런데 필그림교회는 규모가 큰 교회였고 자산이 노회 재산으로 되어 있어 노회에서 이들을 놔주지 않았습니다. 결국에는 법적인 공방을 펼치다가 재산을 가지고 나갈 수 없다는 법원의 판결이 내려졌고, 교회는 결국 모든 건물과 재정을 포기하고 교단을 나오기로 결단을 내렸습니다. 쉽지 않은 결정이었을 것입니다. 하지만 저는 이들이 그리스도의 고난에 참여했다고 생각합니다. 건물을 잃었지만 믿음을 얻었고, 소중한 터전을 잃어버렸지만 그들의 사랑과 하나님 나라의 비전은 더 커졌을 것이라 생각합니다.

"여러분은 그리스도를 위해 살아야 할 책임, 곧 그분을 믿을 뿐 아니라 그분을 위해 고난도 받아야 할 책임을 받았습니다"(빌 1:29).

사도 바울은 우리가 한 책임을 받았다고 이야기합니다. 어떤 책임입니까? 그리스도의 고난의 유익을 누리지 못하는 이들에게 그 유익을 나누고 전하는 책임입니다. 오늘 이 시대에 우리는 어떻게 그리스도의 남은 고난에 참여하고 있습니까? 부르심을 따르는 사람은 그 부르심이 가져오는 고난이 있습니다. 하나님 나라의 비전이 가져오는 고난이 있습니다. 때로는 우리와 전혀 상관없다고 생각되는 지구 반대편에서 수많은 강도 만난 자들, 난민, 전쟁고아들을 품는 것이 하나님 나라의 비전일 수 있습니다. 우리나라가 전쟁의 잿더미에 있었을 때 수많은 원조를 통해 재건됐던 것을 기억하십시오. 우리는 우리나라가 하나님의 손길, 하나님 나라의 비전, 그리스도의 고난의 유익을 나누어 주려고 함께 고난을 자청한 이들을 통해 회복되었다는 것을 잊어서는 안 됩니다.

이것이 바로 하나님 나라의 비전입니다. 그리스도의 남은 고난을 자신의 육체에 채우는 것입니다. 고난은 우리가 살아 있기 때문에 지불해야 되는 대가입니다. 하지만 그 이상이 있습니다. 그것은 하나님의 형상대로 지음 받은 인간이 되기 위해 지불하는 대가입니다. 또한 고난은 우리의 믿음을 자라게 하고 사랑을 더 풍성하게 합니다. 다른 사람의 필요를 더 깊이 이해하는 사람으로 만듭니다. 하지만 그 이상이 있습니다. 그것은 고난이 우리를 하나님에게 온전히 항복하게 함으로 하나님 나라로 안내한다는 것입니다. 그리고 인내와 연단을 통해서 우리를 하나님 나라에 합당한 자로 변화시킵니다.

하나님 나라는 그리스도의 고난을 통해 우리에게 왔습니다. 그리고 우리에게 그 그리스도의 고난에 참여할 것을 요청합니다. 우리의 옛 사람, 곧 옛 자아가 그리스도와 함께 십자가에서 죽는 고난에 참여할 때 우리는 하나님 나라를 경험하게 됩니다. 그리고 하나님이 우리에게 허락하신 이 땅에서 그리스도의 남은 고난에 참여할 때, 놀랍게도 우리가 이 세상에서 겪는 모든 고난은 그것이 어떤 형태로 찾아오든 모두 유익이 되고, 축복이 되고, 영광이 되는 것을 깨닫게 됩니다. 고난이 깊을수록 기쁨이 충만한 놀라운 변화를 경험하게 되는 것입니다. 하나님은 고난을 통해 우리를 하나님 나라에 더욱 합당한 자로 변화시키십니다. 하나님의 부르심에 순종하십시오. 그리고 그분의 사랑의 손길을 받아들이십시오.

"만일 음식 문제로 여러분의 형제가 근심하게 되면 그대는 더 이상 사랑을 따라 행하지 않는 것입니다. 그리스도께서 위해 죽으신 그 형제를 음식 문제로 망하게 하지 마십시오. 그러므로 여러분의 선한 것이 비방을 받지 않도록 하십시오. 하나님의 나라는 먹고 마시는 것이 아니라 성령 안에서 의와 평강과 기쁨입니다. 그리스도를 이렇게 섬기는 사람은 하나님을 기쁘시게 하고 사람에게도 인정을 받습니다. 그러므로 화평을 이루고 서로 세워 주는 일에 힘씁시다"(롬 14:15-19).

12.
관계와 하나님 나라

성령 안에서
누리는
의와 평강과
기쁨

하나님 나라는 하나님이 움직이시는 질서대로
하나님이 중요하게 보시는 것을 중요하게 보는 나라입니다.

사자성어 가운데 '교각살우'(矯角殺牛)라는 말이 있습니다. '쇠뿔을 바로잡으려다 소를 죽인다'는 뜻으로, 일부인 작은 문제를 고치려다가 전체를 다 망가뜨려 버리는 것을 말합니다. 교회 역사에서도 이런 문제들이 지속적으로 발생되어 왔습니다. 교회 안에서 관계가 깨어지고 다툼과 분열의 원인이 발생하는 이유는 근본적이고 전체적인 문제보다 부분적이고 지엽적인 문제일 경우가 훨씬 더 많습니다. 실상은 대부분이라 말해도 됩니다. 숲은 보지 못한 채 나무 한 그루만 바라보며 서로 판단하고 멸시하는 가운데 분열이 계속되어 왔습니다.

나무가 아닌 숲을 보라

사도 바울은 로마교회에서도 이런 문제가 공동체의 관계를 깨뜨리며 그 안에 어려움과 고통을 일으키고 있음을 보았습니다. 바울이 볼 때 그 문제는 실상 어떻게 해도 상관없는 매우 주변적이고 중요하지 않은 문제였음에 분명합니다. 그러나 로마교회 성도들 사이에서는 그것이 본질적인 문제로 확대되어 여기저기서 다툼과 분열이 일어나는 원인이 되고 있었습니다. 그것은 바로 '시장에서 파는 고기를 먹어도 되는가?' 하는 문제였습니다. 오늘날에는 그게 왜 문제가 되는지 이해하지 못할 수 있습니다. 하지만 당시 로마 사회에서 시장에서 파는 고기의 대부분은 우상 숭배에 사용되고 난 후 시장으로 나오는 고기였습니다.

우상 문화와 더불어 살아가는 불신자들에게는 아무런 문제가 되지 않는 사안입니다. 그러나 유일하신 창조주 하나님을 믿고 살아가는 성도들에게는 한 번쯤 고민할 수 있는 문제였습니다. 로마교회의 어떤 사람들은 우상이란 실제로 존재하지 않기 때문에 먹을 수 있는 것이라 생각하며 거리낌 없이 먹었습니다. 또 다른 사람들은 우상에게 바쳐진 제물을 먹는 것은 우상 숭배에 참여하는 것이기 때문에 절대로 먹어서는 안 된다고 생각하며 채소만 먹었습니다. 어느 쪽이 더 믿음이 좋은 사람입니까? 아니, 어느 쪽이 더 믿음이 강한 사람입니까? 먹은 쪽입니까, 먹지 않은 쪽입니까? 사도 바울은 먹은 쪽을 믿음이 강한 사람이라고 해석했습니다. 먹지 않은 쪽은 믿음이 연약해서 우상에 대한 과도한 염려로 존재하지 않는 우상을 존재하는 것처럼 만들 수 있는 위험이 있기 때문입니다. 이는 로마서뿐 아니라 고린도서와 골로새서 여러 부분에 등장하는 일관된 해석입니다.

그런데 바울은 이 문제를 '그렇기 때문에 고민하지 말고 사 먹으라'고 결론 내리지 않습니다. 먹을 수 있거나 먹을 수 없는 문제는 매우 주변적인, 부분적인 문제이기 때문입니다. 그 자체가 절대적이거나 중심적인 문제가 아닌 것입니다. 대신 그는 그보다 더 중요한 문제가 있음을 지적합니다. 그것은 그 문제로 서로를 어떻게 판단하고 대했느냐는 것이었습니다. 로마서 14장 전체가 이 문제를 다루고 있습니다.

"여러분은 믿음이 약한 사람을 받아들이되 그의 견해를 논쟁거리로 삼지 마십시오. 어떤 사람은 모든 음식을 먹을 만한 믿음이 있으나 믿음이 연약한 사람은 채소만 먹습니다. 먹는 사람은 먹지 못하는 사람을 업신여기지 말고 먹지 못하는 사람은 먹는 사람을 판단하지 마십시오. 이는 하나님께서 그 사람을 받으셨기 때문입니다"(롬 14:1-3).

믿음이 강해서 거리낌 없이 먹을 수 있는 사람은 '나는 먹는데 너는 왜 먹지 못하느냐'라고 업신여기지 말라는 것입니다. 또 먹지 못하는 사람은 먹는 사람을 가리켜 '저 사람은 믿음에 문제가 있다'라고 섣불리 판단하지 말라는 것입니다. 먹느냐, 먹지 않느냐는 주변의 문제지 핵심 문제가 아니기 때문입니다. 진짜 핵심 문제는 그 문제를 가지고 다른 성도를 어떻게 대하고 판단하고 바라보느냐입니다. 서로 판단하고 멸시하는 것이 더 큰 문제입니다.

우상에게 바쳐진 음식의 문제는 로마교회만이 아니라 고린도교회에서도 동일하게 일어난 문제였습니다. 이는 사도행전의 시대, 곧 사도 시대에 일어났던 교회들의 공통적인 문제였던 것입니다. 바울은 고린도교회에도 로마교회에게 준 것과 같은 맥락의 교훈을 줍니다.

"어떤 이들은 지금까지도 우상 숭배하는 습관에 젖어 있어서 우상에게 바쳐진 제물을 먹을 때 정말 우상의 것이라고 생각하고 먹으므로 그들의 양심이 약해지고 더러워집니다. 그러나 음식이 우리를 하나님 앞에 내세워 주지 못합니다. 우리가 먹지 않는다 해도 해로울 것이 없고 먹는다 해도 이로울 것이 없습니다. 그러므로 여러분의 이 자유가 연약한 사람들에게 걸림돌이 되지 않도록 조심하십시오"(고전 8:7-9).

동일한 문제입니다. 그 음식을 먹느냐, 먹지 않느냐는 부수적인 문제입니다. 그보다 더 중요한 것은, 그로 인해서 연약한 지체가 근심하고 시험에 든다면 먹지 않는 것이 좋다는 것입니다. 왜입니까? 먹는 것보다 더 중요한 것이 우리의 관계이기 때문입니다.

아디아포라 vs. 디아포라

교회 안에서 끊임없이 일어나고 있는 판단과 멸시가 관계를 무너뜨리며 결국엔 교회 공동체가 다툼과 분열로 무너지는 것을 봅니다. 그것이 만일 지엽적이고 부분적인 문제라면 그리스도의 몸 된 하나 됨을 찢는 중요한 문제가 됩니다. 언제나 부분은 전체 속에서 봐야 합니다. 이단이 왜, 어떻게 생깁니까? 이단(異端)이란 끝이 다르다는 뜻으로, 부분적인 진리를 전체로 만들어 버릴 때 이단이 됩니다.

우리가 믿는 진리는 서로 모순되지 않습니다. 진리는 우리의 모든 지체가 조화를 이루듯 조화와 하나 됨을 이룹니다. 종교 개혁자들도 교회 안에 일어나는 여러 문제들에 대해 이런 관점으로 많은 토론을 했습니다. 교회 역사에서 흔히 '아디아포라'(adiaphora) 논쟁이라 불리는 것들이 있습니다. '아디아포라'는 희랍어로 '대수롭지 않은 일들'이라는 뜻을 갖습니다. 성경에서 명백하게 명하지도 않고 금하지도 않은 영역들, 문화적인 또는 개인적인 선택의 영역에 있는 것들을 '아디아포라'라고 부릅니다. 이와는 반대로 성경에서 명백하게 명하거나 금하는 것들이 있습니다. 희랍어 앞에 있는 '아'는 부정 접두어기 때문에 그 단어를 빼면 반대의 뜻이 됩니다. 즉, '아디아포라'에서 부정 접두어인 '아'를 빼면 '디아포라', 곧 성경에서 명백하게 명하거나 금한 영역들을 뜻하는 단어가 됩니다.

우리가 종교 개혁자 하면 떠올릴 수 있는 대표적인 두 사람이 있습니다. 마틴 루터와 장 칼뱅입니다. 두 사람 모두 성경적으로는 종교 개혁을 추진했지만 아디아포라 문제에 대해서는 약간의 차이가 있었습니다. 루터는 성경에서 명백하게 금하지 않는 이상은 받아들이고 수용할 수 있다고 주장했습니다. 이는 미래에 대해 열려 있는 태도입니다. 그리고 이는 교회 음악에 있어서도 마찬가지였습니다. 그는 교회 음악을 아디아포라로 해석했습니다. 그래서 새로운 찬송들을 계속해서 작사하며 만들어 갔습니다. 당시에는 말씀이 아닌 사람이 붙인 가사로 찬송을 만든다는 것은 매우 획기적인 일이었습니다. 반면 칼뱅의 경우에는 이러한 것들을 받아들일 수 없었습니다. 칼뱅은 오직 시편의 말씀으로만 찬송을 불러야 한다고 생각했습니다. 그리고 찬송의 리듬도 감성적인 리듬이 되어서는 안 된다고 생각했습니다. 그래서 칼뱅의 유명한 시편 찬송이 나오게 된 것입니다. 오늘날에도 시편 찬송만 부르는 일부 교단과 교회들이 있습니다. 이는 단지 시각의 차이일 뿐입니다.

오늘날 교회 안에서도 아디아포라의 수많은 예를 찾을 수 있습니다. 한 예로, 목회자는 가운을 입어야 하느냐, 입지 말아야 하느냐의 문제입니다. 목회자 개인마다 입어서 좋은 점과 입지 않는 것에 대한 나름대로의 철학이 있습니다. 그러나 입지 않는다고 정죄하고 멸시하거나 입는다고 판단하는 일들이 발생해서는 안 됩니다. 그보다 중요한 것은 이 문제를 가지고 상대방을 어떻게 판단하고 멸시하느냐입니다.

중요한 것은 하나님 나라

로마서 14장 15절의 권면을 보십시오.

"만일 음식 문제로 여러분의 형제가 근심하게 되면 그대는 더 이상 사랑
을 따라 행하지 않는 것입니다. 그리스도께서 위해 죽으신 그 형제를 음식
문제로 망하게 하지 마십시오."

'아디아포라'가 '디아포라'가 되어서는 안 됩니다. 교회는 '디아
포라', 곧 정말 중요하고 근본적인 문제에 더 많은 마음을 써야 합니
다. 그게 무엇입니까? 하나님 나라입니다. 하나님 나라는 어떤 질서
인가, 어떤 본질인가를 가지고 생각하는 것입니다. 로마서 14장 17-
19절은 이런 맥락에서 우리에게 주어진 결론입니다.

"하나님의 나라는 먹고 마시는 것이 아니라 성령 안에서 의와 평강과 기
쁨입니다. 그리스도를 이렇게 섬기는 사람은 하나님을 기쁘시게 하고 사
람에게도 인정을 받습니다. 그러므로 화평을 이루고 서로 세워 주는 일에
힘씁시다."

하나님 나라는 먹고 마시는 것이 아니라고 말씀합니다. 하나님 나
라는 그런 지엽적인 문제가 아니라 더 크고 광대한, 우리가 생각할

수 없는 차원의 문제라는 것입니다. 오히려 주변적인 문제에 대해서 자신의 견해에 집착하고 자신의 권리를 주장하고 몰두하는 것은 하나님 나라에 반하는 것입니다. 만일 어떤 음식을 먹느냐, 먹지 않느냐는 문제로 인해 마음속에 평강이 없다면, 기쁨을 잃어버렸다면 도리어 하나님 나라에 반해서 가고 있는 것입니다. 그러나 그 모든 문제를 뛰어넘어 어떤 태도나 관계, 어떤 심령의 상태든 상관없이 의와 평강과 기쁨의 상태를 향해 가고 있다면, 그 사람은 하나님 나라 안에 있는 것입니다. 그렇게 그리스도를 섬기는 것이 하나님을 기쁘시게 하고 사람에게 인정받는 길입니다. 결국 화평을 이루고 서로 세워 주는 것이 하나님 나라라는 것입니다.

하나님 나라에 속했다는 것은 우리가 더 이상 나 자신의 것이 아니라는 의미입니다. 나라라는 개념 안에는 어떠한 법과 통치가 살아 있다는 의미가 포함되어 있습니다. 수많은 사람들이 모인다고 나라가 될 수 있을까요? 아닙니다. 오합지졸이요, 군중 또는 무리일 뿐입니다. 나라가 되기 위해서는 그 안에 법과 통치와 질서가 있어야 합니다. 어떤 나라든지 개인이 그것을 결정하지 않습니다. 개인은 그저 합의된 법을 지키는 것입니다. 그 법에 나를 맞추는 것입니다. 내가 그 법에 맞춰야지, 법이 나에게 맞출 수는 없습니다. 내가 중심이 되는 것은 하나님 나라의 백성이 아니라는 것입니다. 하나님 나라는 어떤 주변적인 문제에 대해서 누가 옳고 그르냐를 따지는 나라가 아닙니다. 그렇다면 한 형제를 대할 때 어떻게 대해야 합니까? 그리스도

가 그를 위해서 대신 죽으신 존귀한 자로 대해야 합니다. 그리스도가
그 영혼을 위해 죽으실 만큼 가치 있는 대상이기에, 그 밖에 중요하
지 않은 문제는 포기하고 양보하며 서로 화평을 이루어 가는 것이 더
중요합니다.

의와 평강과 기쁨을 누리라

하나님 나라는 먹고 마시는 것이 아니라 성령 안에서 우리가 경험하
는 의와 평강과 기쁨이라고 했습니다. 의와 평강과 기쁨, 왜 이 세 단
어를 사용했을까요? 이 단어가 차례대로 나오는 또 다른 본문이 로
마서에 있습니다.

> "그러므로 우리는 믿음으로 의롭다는 인정을 받아 우리 주 예수 그리스도
> 로 인해 하나님과 더불어 화평을 누리고 있습니다. 또한 우리는 그분으로
> 인해 우리가 서 있는 은혜에 들어감을 얻었으며 하나님의 영광을 바라며
> 기뻐합니다"(롬 5:1-2).

위의 말씀은 믿음으로 '의롭다'는 인정을 받고 그리스도로 인해
하나님과 '화평'을 누리며, 그다음에 하나님의 '영광'을 바라며 기뻐
한다고 말씀합니다. 사도 바울은 로마서 5장 1-2절을 로마서 14장

17절로 옮겨 온 것입니다. 하나님 나라는 믿음으로 의롭다 인정받는 나라입니다. 스스로 의로운 사람은 아무도 없습니다. 이는 무엇을 의미합니까? 자기주장, 자기 권리, 자신이 어떤 사람이라고 내세울 것이 아무것도 없다는 것입니다. 오직 그리스도의 십자가 희생으로 하나님의 백성이 되었기에 자랑할 것도 없고, 다른 누군가를 판단하고 비판하며 멸시할 수도 없는 나라라는 것입니다. 우리는 믿음으로 값없이 의롭다 함을 받았습니다. 오직 그리스도의 은혜로 지금까지 살아왔습니다. 천국에 가면 가장 많이 불리는 단어가 바로 은혜입니다.

두 번째 단어인 화평은 의를 따라옵니다. 값없이 의롭게 됐기에 우리에게 화평이 있는 것입니다. 평화는 어디에서 누릴 수 있습니까? 세상의 평화는 힘이 뒷받침되는 평화입니다. 세상은 절대적으로 힘이 있어야 평화로울 수 있습니다. 그런데 하나님 나라는 이 세상과 달리 값없이 의롭게 되었기에 얻어지는 평화입니다. 이는 자유라고도 말할 수 있습니다. 평화와 화평, 화평과 자유는 항상 같이 갑니다. 왜입니까? 기준이 내가 아니기 때문에 화평이 이루어지는 것입니다.

왜 평화가 없습니까? 왜 마음속에 비난과 정죄와 다툼과 판단이 계속됩니까? 기준이 나이기 때문입니다. 내 기준에 맞지 않으면 불편하기 때문입니다. 내 생각, 내 가치관, 내 고집과 내 방식에 맞지 않아 불편하다는 건 무슨 뜻입니까? 하나님 나라 안에 살면서 그 나라가 나의 나라가 되기를 원한다는 것입니다. 내 나라가 아니라 하나님 나라입니다. 하나님이 누군가를, 무언가를 받아 주셨다면 우리 또한 그래야 되는 것입니다. 하나님 나라는 하나님이 움직이시는 질서대로 하나님이 중요하게 보시는 것을 중요하게 보는 나라입니다. 그리고 성령 안에서 기쁨을 누리는 나라입니다.

마지막으로 기쁨이란 의와 화평을 거쳐야 누릴 수 있습니다. 기쁨은 처음부터 오지 않습니다. 왜 마음에 기쁨이 없습니까? 의와 화평을 통과하지 않았기 때문입니다. 성령 안에서의 기쁨은 어디서 얻어집니까? 하나님을 기쁘시게 하고 서로를 세우는 일에서 얻어집니다. 하나님 나라를 세상의 일과 우리의 일로 축소시켜서는 안 된다는 말씀입니다. 그저 먹고 마시는 문제로, 어떤 제도나 문화의 문제로 축소시키지 말아야 합니다. 하나님 나라는 우리의 삶과 관계와 공동체 속에서 성령으로 말미암아 누리는 의와 화평과 기쁨이기 때문입니다.

"사람들이 어린아이들을 예수께 데리고 와 어루만져 주시기를 원했습니다. 그러나 제자들이 그들을 꾸짖었습니다. 예수께서 이것을 보시고 노하시며 제자들에게 말씀하셨습니다. '어린아이들이 내게 오는 것을 허락하고 막지 말라. 하나님 나라는 이런 아이들과 같은 사람의 것이다. 내가 너희에게 진실로 말한다. 누구든지 어린아이와 같이 하나님 나라를 받아들이지 않는 사람은 결코 그곳에 들어가지 못할 것이다.' 그러고는 어린아이들을 꼭 껴안아 주시며 손을 얹으시고 축복해 주셨습니다"(막 10:13-16).

13.
어린아이와 하나님 나라

어린아이의 특징은 한마디로 겸손입니다.
하나님 나라의 백성은 어린아이처럼 겸손합니다.

의미 있는 손길의 중요성

그리스도인 상담 심리학자인 게리 스몰리(Gary Smalley)와 존 트렌트 (John Trent)는 《축복의 언어》(프리셉트 역간)라는 책에서 '우리 인생에 주어지는 첫 번째 축복은 손길'이라고 이야기합니다. 아주 의미 있 는 손길이 한 인생에 있어서 첫 번째 경험하는 축복이라는 것입니 다. 야곱이 눈이 보이지 않을 정도로 연로해지고 몸이 불편해졌을 때 요셉이 자신의 아이들을 데리고 옵니다. 그러자 야곱은 '내가 축 복해 줄 테니 그들을 내게로 데려오너라'라고 말합니다. 그러면서 그들을 껴안고 입 맞추며 축복합니다. 그들에게 의미 있는 영적인 축복을 전해 준 것입니다.

어린아이들을 안고 축복해 주는 것에는 영적인 의미뿐 아니라 매우 실제적이고 물리적인 영향도 있습니다. 트리니티 신학교 교수였던 찰스 셀(Charles M. Sell)의 《아직도 아물지 않은 마음의 상처》(두란노 역간)라는 책은 1946년에 미국 남부의 한 고아원에서 일어났던 일을 한 논문을 인용해서 기록하고 있습니다. 그 고아원에서는 3개월에서 세 살에 이르는 97명의 아이들을 양육하고 있었습니다. 그런데 고아원 기금이 너무 부족하다 보니 아이들을 어머니와 아버지의 마음을 가지고 정서적·신체적으로 돌보아 줄 수 있을 만큼의 여력이 없었습니다. 그저 소수의 간호사들이 기본적인 먹을 것을 챙겨 주는 것 외에는 다른 접촉을 해 줄 능력이 없었습니다. 그렇게 3개월, 5개월, 1년이 지나면서 아이들에게 심각한 문제가 일어나기 시작했습니다. 다수의 아이들이 죽고 97명 중 27명만 살아남을 수 있었는데, 살아남은 아이들도 아주 심각한 정신적인 질환을 앓게 되었습니다. 오래전 일이기 때문에 영양 상태나 위생 및 전염에 이르는 여러 가지 변수가 있었겠지만, 이 결과는 어린 영혼들이 제대로 성장하는 데 있어 먹을 것의 공급이 전부가 아니라는 것을 깨닫게 합니다. 아이들에게 의미 있는 터치가 없을 때 그들의 삶에 심각한 영향이 뒤따른다는 것을 말하고 있는 것입니다.

본문을 보면 몇몇 사람들이 예수님에게 어린아이를 데려와 어루만져 주시기를 구했습니다. 그런데 제자들이 그런 그들을 꾸짖었습니다. 이를 본 예수님은 제자들에게 노하신 후 도리어 그들을 꾸짖으시고는 어린아이들을 꼭 껴안아 주셨습니다. 손을 얹고 축복해 주셨습니다. 예수님은 어린아이들을 꼭 껴안고 축복해 주는 것이 얼마나 소중하고 중요한지를 알려 주신 것입니다. 마음으로만 축복해서는 안 됩니다. 의미 있는 언어, 의미 있는 축복으로 안아 주어야 합니다. 저는 예수님이 꼭 껴안고 축복해 주신 이 아이들이 분명 수십 년 후 사도 시대에 하나님 나라의 복음을 증거하는 일에 귀하게 쓰임받은 일꾼이 되었을 것이라고 믿습니다.

어린아이에게서 배우라

예수님은 어린아이를 안고 축복해 주는 것의 중요함을 보여 주셨을 뿐 아니라, 이 어린아이의 시기를 통해서 배울 수 있는 한 가지 중요한 교훈을 말씀해 주셨습니다. 하나님이 우리 인생에 어린아이의 시기를 만들고 경험하게 하신 것에는 어떤 의미가 있을까요? 하나님은 왜 우리를 성인의 상태로 존재하게 하지 않으시고 어린아이의 과정을 통해 자라게 하셨을까요? 하나님은 당신의 아들 예수 그리스도도 어린아이의 과정을 거치도록 하셨습니다.

본문에 의하면, 예수님은 하나님 나라의 가치, 하나님 나라의 비밀, 하나님 나라에 합당한 삶을 가르쳐 주시기 위해서 어린아이의 과정을 허락하셨다고 말씀하십니다. 어린아이들을 무언가를 가르치고 도와줘야 할 부족한 대상으로 볼 것이 아니라, 이들을 통해 배울 것이 무엇인지를 발견하라는 것입니다. 어른들도 어린아이를 통해서 배울 것이 있다는 것입니다. 우리가 어른이 되면서 잃어버린 하나님 나라의 교훈을 어린아이에게서 배워야 한다는 것입니다.

복음서에서 예수님은 여러 경우에 걸쳐 어린아이를 하나님 나라와 연결시켜 교훈해 주셨습니다. 마가복음 9장을 보십시오. 제자들 사이에 서로 누가 큰 자인가 하는 다툼이 있었을 때 예수님은 어린아이 하나를 영접하는 사람이 가장 큰 자라고 말씀해 주셨습니다. 첫째가 되려면 모든 사람의 종이 되어야 하는데 모든 사람을 섬기는 종은 어린아이를 영접하는 사람이라고 말씀해 주셨습니다. 여기서 어린아이는 어떤 대상을 의미합니까? 누군가 베풀어 준 것에 대해 보상할 수 있는 능력이 없는 사람, 갚을 능력이 없는 사람, 어쩌면 받은 것에 대해서도 감사할 수 없는 그런 사람을 의미합니다.

또 마태복음 18장 4절을 보십시오. 예수님은 어린아이와 같이 자기를 낮추는 사람이 하늘나라에서 큰 자라고 말씀해 주셨습니다. 어린아이같이 자신을 낮춘다는 것은 무엇을 뜻합니까? 어린아이가 어떻게 자신을 낮춥니까? 어린아이는 권력을 사용할 능력이 없습니다. 자신을 위해 다른 사람을 이용할 줄도 모릅니다. 다른 사람을 차별할 줄도 모릅니다. 피부색이 달라도, 옷이 달라도, 사는 곳이 달라도 전혀 외적인 조건으로 서로를 차별하지 않습니다. 예수님은 이처럼 세상의 거짓된 권세가 아직 물들지 않은 상태를 자신을 낮추는 것이라고 말씀하신 것입니다.

어른이 되면서 잃어버리는 것들

본문에서는 어린아이를 통한 또 다른 하나님 나라의 교훈을 주십니다.

"예수께서 이것을 보시고 노하시며 제자들에게 말씀하셨습니다. '어린아이들이 내게 오는 것을 허락하고 막지 말라. 하나님 나라는 이런 아이들과 같은 사람의 것이다. 내가 너희에게 진실로 말한다. 누구든지 어린아이와 같이 하나님 나라를 받아들이지 않는 사람은 결코 그곳에 들어가지 못할 것이다'"(막 10:14-15).

예수님은 어린아이를 하나님 나라와 연결하셨습니다. 우리는 어른이 되면서 얻는 것도 많지만 잃어버리는 것도 많습니다. 어른이 되면 어떻습니까? 힘을 얻습니다. 지식을 얻습니다. 경험과 능력, 자립할 수 있는 경제력을 얻습니다. 영향력도 끼치게 됩니다. 이처럼 어른이 되면 얻게 되는 것이 많습니다. 그러나 어른이 되면서 잃게 되는 것 또한 많습니다. 가장 먼저 떠오르는 것은 천진난만한 웃음입니다. 한번 보십시오. 어른들에게서 웃음을 발견하기란 쉽지 않습니다.

어른들은 웬만해선 잘 웃지 않습니다. 하지만 어린아이들은 다릅니다. 값비싼 장난감이 없어도, 허름한 옷을 입고 있어도, 심지어 전쟁의 한복판에서도 아이들은 끊이지 않는 웃음 속에서 살아갑니다.

어른들은 세상을 너무 잘 알아서 웃음을 잃고 살아갑니다. 반면 아이들은 세상을 잘 몰라서 어떤 상황에서도 웃을 수 있습니다. 그렇다면 이 중 어느 것이 더 행복한 일일까요? 무엇이 더 가치 있는 것일까요? 우리는 어른이 되면서 끊임없이 무언가를 비교하며 살아갑니다. 다른 사람과 비교해서 나의 정체성을 확인하고, 다른 사람의 외모와 나의 모습을, 다른 사람의 소유와 나의 소유를, 다른 사람의 성취와 나의 성취를 끊임없이 비교하면서 천진난만한 웃음을 자꾸만 잃어 갑니다. 그래서 우리는 어린아이들을 통해서 하나님 나라 안에서 웃을 수 있는 순수한 웃음을 회복해야 한다는 것입니다.

어른이 되면서 잃어버리는 또 다른 한 가지가 있습니다. 그것은 전적으로 의존하는 자세입니다. 어린아이는 부모를 의지합니다. 아주 어릴 때는 그 의지하는 정도가 부모조차도 놀랄 정도입니다. 어린 자녀들은 부모를 전능하다고 믿습니다. 자기들이 원하는 것은 무엇이든 해 줄 수 있다고 믿습니다. 그러나 조금씩 자라면서 자녀들은 부모에게 능력이 없다는 것을 알게 됩니다. 그러면서 조금씩 현실적이 되어 갑니다. 그러나 하나님은 부모를 전적으로 의지하는 어린아이처럼, 하나님을 아바 아버지라 부르며 그분의 전능하심을 믿고 순수하게 의존하며 살아가기를 원하십니다. 어린아이처럼 하나님 아버지 앞에 모든 것을 의존하고 아버지의 공급하심을 바라며 그렇게 살아가기를 원하십니다.

부모에게 안겨 있는 아이를 떠올려 보십시오. 아이는 부모에게 전적으로 의탁합니다. 부모의 팔이 얼마나 아픈지 전혀 배려하지 않습니다. 이것이 어린아이의 모습입니다. 하나님 나라의 삶을 누림에 있어 우리에게 방해가 되는 가장 큰 장해는 무엇입니까? 자기 의존입니다. 내 소유, 내 스스로의 힘과 지혜로 살아갈 수 있다고 생각하는 자기 의존이 바로 하나님 나라를 경험하지 못하게 합니다. 하나님 나라의 백성은 자기 자신이 아닌, 하나님을 절대적으로 의존하는 백성입니다.

어른이 되면서 잃어버리는 또 다른 하나는 의심 없이 잘 받아들이는 태도입니다. 어린아이들은 무엇이든 잘 받아들입니다. 내게 필요한지 필요하지 않은지는 생각하지 않습니다. 나에게 받을 자격이 있는지 없는지 또한 따지지 않습니다. 따뜻한 돌봄을 주는 손길이라면 안도감을 느끼며 잘 받아들입니다. 저에게는 어떤 대상이 어린아이인지 아닌지를 구별할 수 있는 기준이 있습니다. 그것은 선물을 받는 태도입니다. 어린아이들은 선물을 받을 때 그냥 받습니다. 기뻐하며 받습니다. 자격을 따지거나 후일에 갚겠다는 반응을 보인다면 더 이상 어린아이가 아닙니다. 아무리 나이가 어려도 이런 마음의 태도는 어린아이의 것이 아닙니다. 어린아이에게 선물을 주는 사람이 기대하는 보상이 있습니다. 선물 받을 때의 기뻐하는 모습입니다. 기쁨 자체가 선물을 준 사람에게 주는 최고의 보상입니다.

하나님 나라의 구원을 어린아이처럼 받으라

예수님은 하나님 나라를 어린아이와 같이 받아들여야 한다고 말씀
하셨습니다. 하나님 나라가 우리 가운데 임하지 못하는 것은 우리에
게 값없이 은혜로 주시는 구원의 선물, 예수 그리스도의 십자가 공
로를 의지해서 우리에게 값없이 주시는 용서의 선물, 우리의 연약함
에도 불구하고 우리를 사랑하시는 그 사랑의 선물을 어린아이처럼
기쁨으로 받아들이지 못하기 때문입니다. 우리는 영적으로 하나님
앞에 어른이 되어 있습니다. 그래서 갚을 수도 없는 것을 갚겠다고
하고, 자격을 갖출 능력도 없으면서 자격을 따지는 것입니다. 하나
님 나라는 우리에게 선물로 주어졌습니다. 우리는 어린아이처럼 예
수 그리스도를 바라보며 그 십자가를 통해서 우리에게 주시는 영원
한 생명을 기쁨 가운데 선물로 받아들여야 합니다.

　그런데 죄가 이 믿음을 깨뜨려 버렸습니다. 사람들이 왜 영원한
생명을 받아들이지 않습니까? 값없다 하니 안 받는 것입니다. 어릴
때는 값없이 주는 것도 잘 받았으면서 어른이 되면서는 세상에 공
짜란 없다며 하나님이 주시는 영원한 생명을 받아들이려 하지 않
는 것입니다. 오늘날 믿음을 보험으로 생각하는 사람들이 참 많습니

다. 보험이란 일정 기간 동안 돈을 지불해 놓고 문제가 생겼을 때 그에 해당하는 보상을 받는 제도입니다. 무슨 말입니까? 죽음 이후의 삶을 준비하기 위해서 보험을 들어 놓듯 믿음을 대한다는 것입니다. 물론 모든 종교의 원리는 그렇습니다. 그러나 성경에 나타난 하나님 나라의 구원은 보험이 아니라 선물입니다. 그런데 하나님이 그리스도를 통해서 우리를 사랑하신다고 해도 받아들이지 않습니다. 이미 용서하셨다고 해도 받아들이지 않습니다. 마치 내가 무엇인가를 해야, 자격이 있어야, 갚을 능력이 있어야 받을 수 있다는 어른스러운 생각으로 하나님을 대합니다. 우리 나이가 어디에 이르렀든지 우리 모두는 하나님 앞에 어린아이와 같은 받아들이는 믿음으로 나아가야 합니다. 그래야 하나님 나라에 들어갈 수 있습니다.

진짜 어린아이들은 선물만 잘 받는 게 아닙니다. 말도 잘 듣습니다. 말을 거부하기 시작하는 순간부터는 어린아이가 아닙니다. 자신의 생각과 의견을 내세우면 어린아이가 아닌 것입니다. 하나님 나라의 삶을 체험하는 사람은 어린아이처럼 온순하고 단순하게 하나님 말씀에 순종합니다. 말을 잘 듣는 것입니다. 하나님의 사랑과 공급하심에 전적으로 의존할 뿐 아니라, 하나님의 말씀, 하나님의 구원의 선물에 온전히 순종하는 것입니다. 하나님의 다스림을 받는 것입니다. 이 두 가지, 곧 의존과 순종을 한 단어로 표현하면 겸손이라 할 수 있습니다. 어린아이의 특징은 한마디로 겸손입니다. 하나님 나라의 백성은 어린아이처럼 겸손합니다.

하나님을 의지하지 않는 이유는 교만해서입니다. 온전히 순종하지 않는 이유 또한 교만해서입니다. 우리는 하나님의 한없는 은혜의 선물을 어린아이처럼 믿음으로 잘 받아들여 하나님 나라의 축복을 누리는 삶을 살아가야 합니다. 어린아이와 같은 영혼의 겸손함을 구하십시오. 단순한 기쁨으로 하나님과 동행하기를 구하십시오.

우리 나이가 어디에 이르렀든지

우리 모두는 하나님 앞에

어린아이와 같은 받아들이는 믿음으로 나아가야 합니다.

그래야 하나님 나라에 들어갈 수 있습니다.

"예수께서 가이사랴 빌립보 지방에 이르러 제자들에게 물으셨습니다. '사람들이 인자를 누구라고 하느냐?' 그들이 대답했습니다. '세례자 요한이라고도 하고 엘리야라고도 하고 예레미야나 예언자 중 한 분이라고 하는 사람도 있습니다.' '그러면 너희는 나를 누구라고 하느냐?' 예수께서 물으셨습니다. 시몬 베드로가 대답했습니다. '주는 그리스도이시며 살아 계신 하나님의 아들이십니다.' 예수께서 대답하셨습니다. '요나의 아들 시몬아, 네가 복이 있다. 이것을 네게 계시하신 분은 사람이 아니라 하늘에 계신 내 아버지시다. 그리고 내가 너에게 말한다. 너는 베드로다. 내가 이 반석 위에 내 교회를 세울 것이니 지옥의 문들이 이것을 이길 수 없을 것이다. 내가 네게 하늘나라의 열쇠를 줄 것이다. 무엇이든 네가 땅에서 매면 하늘에서도 매일 것이요, 네가 땅에서 풀면 하늘에서도 풀릴 것이다'"(마 16:13-19).

14.
교회와 하나님 나라

그리스도와
연합된
하나님 나라의
공동체

유한한 세상과 영원한 하나님 나라
그리고 땅에 속한 세상과 하늘에 속한 하나님 나라를
연결하는 공동체가 바로 교회입니다.

역사적으로 교회처럼 오해가 많은 곳도 없습니다. 그중 대표적인 오해는 교회 자체보다 그 앞에 붙는 교회 이름을 더 중요하게 여긴다는 것입니다. 어떤 교회 이름으로 불리는가가 교회라는 본질 자체보다 사람들 머릿속에 더 중요하게 기억되는 것입니다. 그러다 보니 교회를 개척할 때 교회 이름을 짓는 것도 큰일입니다. 또 교회를 새롭게 하고자 할 때 교회 이름을 바꾸기도 합니다. 간혹 교회를 정할 때 교회 이름이 좋아서 정하겠다, 또 교회 이름이 싫어서 거부하겠다 하는 경우들을 봅니다. 지금 교회는 그런 시대를 지나가고 있습니다.

하지만 심판 날이 이르러 그리스도 앞에 설 때 우리가 어떤 이름으로 불리는 교회의 일원이었는지, 어디서 예배를 드렸는지는 중요하지 않습니다. 진정 예수님이 주인 되신 교회였는지, 또한 우리 자신이 진정한 교회였는지가 가장 중요합니다. 그러므로 교회 이름에서 악센트는 이름이 아니라 교회에 붙어야 합니다. 교회가 강조되어야 합니다.

교회, 하늘과 땅을 연결하는 공동체

'교회'는 예수님의 계획 속에 있었던 너무나도 소중한 이름입니다. 신약성경에서 예수님이 교회라는 이름을 언급하신 첫 번째 본문은 마태복음 16장입니다. 그 후 마태복음 18장에서 두 번 언급하심으로써 교회라는 단어를 총 세 번 언급하셨습니다. 예수님이 헬라어로 '에클레시아'라는 단어를 친히 언급하심으로 교회에 대한 계획과 청사진을 말씀하신 것입니다.

예수님은 어떤 의도와 꿈을 가지고 교회를 세우셨습니까? 하나님 나라를 이 세상에 드러내고 세상에 속한 사람들이 하나님 나라로 들어오도록 하시기 위함입니다. 이 세상에서 하나님 나라를 경험하도록 하시기 위해 교회를 세우신 것입니다. 세상은 눈에 보이지만 하나님 나라는 눈에 보이지 않습니다. 세상은 유한하지만 하나님 나라는 영원합니다. 또한 세상은 땅에 속해 있지만 하나님 나라는 하늘에 속해 있습니다. 이때 보이는 세상과 보이지 않는 하나님 나라, 유한한 세상과 영원한 하나님 나라 그리고 땅에 속한 세상과 하늘에 속한 하나님 나라를 연결하는 공동체가 바로 교회입니다. 얼마나 신비로운 부르심입니까. 얼마나 놀랍고 영광스러운 부르심입니까.

예수님은 베드로에게 교회에 대한 청사진을 말씀해 주셨습니다.

"그리고 내가 너에게 말한다. 너는 베드로다. 내가 이 반석 위에 내 교회를 세울 것이니 지옥의 문들이 이것을 이길 수 없을 것이다. 내가 네게 하늘 나라의 열쇠를 줄 것이다. 무엇이든 네가 땅에서 매면 하늘에서도 매일 것이요, 네가 땅에서 풀면 하늘에서도 풀릴 것이다"(마 16:18-19).

예수님은 베드로에게 내 교회를 세울 것이라 말씀하셨고, 그 교회에게 하늘나라의 열쇠를 줄 것이라 말씀하셨습니다. 예수님은 교회에 하늘나라의 열쇠를 주심으로 세상에 하나님 나라를 보여 주시고, 또 그 세상이 교회를 통해 하나님 나라의 백성이 되며 하나님 나라를 살도록 계획하신 것입니다. 그렇다면 베드로에게 주겠다고 하신 그 하늘나라의 열쇠는 무엇이겠습니까? 이것이 본문에서 가장 중요하게 생각해야 할 질문입니다.

하늘나라의 열쇠란 무엇인가

베드로에게 하늘나라의 열쇠를 주신다는 것은 그의 손에 사람들이 하나님 나라에 들어오느냐 마느냐를 결정짓는 권세를 주셨다는 뜻이 아닙니다. 이는 베드로로 대표되는 교회에 세상 사람들을 하나님 나라로 인도하고 그들이 이 땅에서 하나님 나라를 경험할 수 있게 하는 능력과 권세를 주셨다는 것입니다. 예수님은 교회의 제도나 조직 혹은 어떤 구체적인 그림에 대해 말씀하지 않으셨습니다. 이것은 어떤 의미일까요? 이는 오늘날 우리가 경험하는 민족, 나라, 언어, 혹은 교파에 의해 제한받는 제도적 교회를 하나님 나라와 동일시하지 않으셨다는 것입니다. 예수님이 의도하신 교회는 이 모든 것을 초월해서 오직 그리스도의 피로 씻음 받고 또 그리스도의 영으로 새로워져 그리스도를 믿고 그리스도와 연합된 하늘나라의 공동체인 것입니다. 이 교회가 바로 하나님 나라의 열쇠를 가진 공동체입니다. 따라서 교회는 하나님 나라의 문을 열 수도 있고 닫을 수도 있습니다. 이 엄청난 책임과 놀라운 권세가 교회에게 부여되었다는 것을 우리는 기억해야 합니다.

예수 그리스도에 대한 신앙 고백

예수님이 교회에 주신 하늘나라의 열쇠는 무엇을 의미하는 것일까요? 첫째, 하늘나라의 열쇠는 예수 그리스도에 대한 신앙 고백을 의미합니다. 예수님이 가이사랴 빌립보 지방에서 제자들에게 물으셨습니다. "사람들이 인자를 누구라고 하느냐?" 이때 예수님이 이 질문을 던지신 시점이 매우 중요합니다. 질문을 던지신 시기는 예수님 생애의 절정으로서, 이날 이후로 예수님은 고난과 십자가의 죽음을 향해 나아가기 시작하셨습니다. 예수님은 바로 그 시점에 제자들에게 물으신 것입니다. 그것은 예수님이 사람들의 어떤 인기나 평가에 연연하셨기 때문이 아닙니다. 사람들이 예수님을 누구라고 생각하는지가 예수님이 이 땅에 오신 목적과 연관되기 때문입니다.

제자들은 사람들에게 회자되는 평가들을 말씀드렸습니다. 사람들은 예수님을 세례 요한, 엘리야, 예레미야나 예언자 중 한 분이라고 생각했습니다. 이는 그들이 예수님에게서 나타나는 신비한 능력이나 그분의 놀라운 가르침을 통해 예수님이 보통 분은 아니라고 생각했음을 알게 합니다. 그러나 그들은 예수님이 누구신지 정확히 알지 못했습니다. 예수님은 제자들에게 다시 물으셨습니다. "그러면 너희는 나를 누구라고 하느냐?" 예수님을 피상적으로 바라본 사람들이 아니라 가까이서 보고 듣고 함께 살아온 제자들의 대답을 요구하고 계신 것입니다.

예수님이 이 질문을 던지신 것은, 바로 이 질문에 대한 대답이 교회가 하늘나라의 열쇠를 얻는 길이기 때문입니다. 이 질문에 대한 대답에 하나님 나라의 문이 열리느냐 닫히느냐의 결정이 달려 있기 때문입니다. 예수님의 질문은 언뜻 보면 단순해 보입니다. 그러나 제자들은 매우 당황했을 것입니다. 예수님의 부르심을 받은 후부터 지금까지 예수님과 동행했지만, 너희는 나를 누구라고 생각하느냐는 질문에 대답한다는 것은 결코 쉬운 일이 아닐 것입니다. 스스로에게 질문해 보십시오. '나는 예수님을 누구라고 생각하는가?'

예수님은 답을 구하기 위해 이 질문을 던지신 것이 아닙니다. 이는 관계에 관한 매우 심각한 질문입니다. 예수님은 당신과 제자들이 어떤 관계에 있는지, 그들이 예수님을 어떤 마음으로 대하고 있는지를 알기 위해 이 질문을 하신 것입니다. 머리로 아는 지식의 관계가 아니라, 마음과 삶으로 어떤 관계에 있는 존재인지를 물으신 것입니다. 그래서 이 질문은 매우 중요합니다. 우리의 믿음 생활에 있어서도 날마다, 순간마다 던져야 되는 질문입니다. '나는 예수님을 누구라고 생각하고 있는가?' '예수님은 나에게 어떤 분이신가?' 이 질문 앞에 서야만 우리는 하나님 나라의 문을 열고 들어갈 뿐 아니라, 다른 사람들도 들어갈 수 있도록 문을 열어 주는 열쇠로서 교회의 책임을 다할 수 있습니다.

교회가 교회의 본질을 잃어버리지 않을 수 있는 유일한 길은 이 질문 앞에 계속 서는 것입니다. '우리는 예수님을 누구라고 생각하는가?' '예수님은 우리 교회에 어떤 분이신가?' '그분이 우리 교회 안에 살아 계신가?' 이 질문 앞에 서는 것이 하늘나라의 문을 여는 열쇠와 같은 것입니다. 이 질문에 어떤 대답을 하느냐에 따라 문이 열리느냐 안 열리느냐가 결정됩니다. 이 질문에 대답하지 못하면 이 세상의 지식과 경험, 교회의 전통, 교회 사역 및 봉사가 아무리 많아도 하늘나라의 문은 열리지 않습니다.

이때 베드로가 나서서 대답합니다.

"시몬 베드로가 대답했습니다. '주는 그리스도이시며 살아 계신 하나님의 아들이십니다'"(마 16:16).

베드로의 대답을 들은 예수님은 기뻐하며 복이 있다고 칭찬하셨습니다. 그런데 뒤이어 이런 말씀을 하셨습니다.

"예수께서 대답하셨습니다. '요나의 아들 시몬아, 네가 복이 있다. 이것을 네게 계시하신 분은 사람이 아니라 하늘에 계신 내 아버지시다'"(마 16:17).

쉽게 말하면 기적이라는 것입니다. 예수님에 대한 올바른 대답은 지적 판단으로 내려지는 것이 아니라는 것입니다. 우리의 이성적인 판단, 추론, 또는 어떤 실험의 결과와 같은 것으로 나올 수 있는 게 아니라는 것입니다. '주는 그리스도시며 살아 계신 하나님의 아들'이라는 이 고백은 우리 영혼에 그리스도의 영이 기적처럼 임재하셔서 하나님의 계시가 임함으로 고백하게 되는 것입니다. 그래서 자신의 이성적인 판단으로 예수님이 누구신가를 곰곰이 생각해 보면 볼

수록 예수님이 잘 믿어지지 않는 것입니다. 우리는 베드로의 이 고백이 우리 영혼 속에 살아 움직이는 고백이 되도록 기도해야 합니다. 이 고백으로 인해 우리의 마음이 떨리고, 이 고백으로 인해 하나님을 찬양하는 영혼이 되어야 합니다. 그럴 때 하나님 나라의 문이 열리게 될 것입니다. 그리고 내가 아닌 또 다른 영혼이 이 고백을 할 수 있도록 우리가 기도하고 복음을 전하고 그 영혼 속에 이 고백이 임할 때, 그의 영혼에도 하나님 나라의 문이 열리게 될 것입니다. 그것이 바로 하나님 나라의 열쇠이기 때문입니다.

예수 그리스도의 십자가

두 번째 하늘나라의 열쇠는 바로 그리스도의 십자가입니다. 베드로가 위대한 신앙 고백의 모범을 보인 직후에 예수님은 그때부터 비로소 당신이 고난 받고 십자가에서 죽으신 후 3일 만에 다시 살아날 것을 말씀하셨습니다. 하나님 나라가 우리에게 열리기 위해서는 반드시 그리스도의 고난 받고 죽으시고 다시 살아나는 일이 있어야 하기 때문입니다. 그때 베드로가 다시 나서서 거칠게 소리 지르며 말했습니다.

"주여! 절대로 안 됩니다! 그런 일이 주께 일어나서는 절대로 안 됩니다"(마 16:22).

그때 예수님은 베드로에게 이렇게 대답하셨습니다.

"예수께서 베드로를 돌아다보며 말씀하셨습니다. '사탄아, 내 뒤로 물러 가거라! 너는 나를 넘어뜨리는 걸림돌이다! 네가 하나님의 일은 생각하지 않고 사람의 일만 생각하는구나'"(마 16:23).

베드로는 바로 전에 예수님으로부터 받은 평가와 정반대의 평가를 받았습니다. 종전에는 '너는 베드로다'라는 평가를 받았는데 지금은 '너는 사탄이다'라는 평가가 내려졌습니다. 종전에는 '너는 반석이다'라는 평가를 받았는데 지금은 '너는 걸림돌이다'라는 평가가 내려졌습니다. 종전에는 '너는 하나님의 계시를 받았다', '너는 복이 있다'라는 평가를 받았는데 지금은 '너는 사람의 일만 생각하고 있다', '너는 내 뒤로 물러가야 한다'라는 평가를 받았습니다. 베드로는 어떻게 이렇게까지 추락하게 되었을까요? 다른 사람이 할 수 없었던 고백을 했음에도 불구하고 왜 이런 상반된 평가를 받게 되었을까요? 이유는 단 한 가지입니다. 베드로는 고난 없는, 십자가 없는 그리스도를 생각했기 때문입니다. 그의 말대로 예수님이 참으로 그리스도시라면 결코 고난 받는 일이 있어서는 안 된다는 것입니다. 연약한 죽음으로 끝나는 그리스도는 그리스도가 아니라는 것입니다. 예수님은 분명 3일 만에 다시 살아날 것이라고 말씀하셨지만 그는 이 고난과 죽음이라는 단어 속에 사로잡혀서 '다시 산다'라는 말씀은 귀에 들어오지 않았던 것입니다. 하나님 나라는 그리스도의 고난과 죽음을 통해서만 우리에게 허락되기 때문에 온 세상 사람들이 하나님 나라로, 그 문으로 들어오기 위해서는 반드시 그리스도가 고난 받고 대신 죽으시는 그 일이 일어나야 합니다. 그리스도의 십자가를 통해서만 하나님 나라의 문이 열리기 때문입니다. 만일 이 그리스도의 십자가가 없다면 모든 사람들은 죽음의 권세 아래 여전히 눌려 있을 것입니다.

예수님은 말씀하셨습니다.

"내 교회를 세울 것이니 지옥의 문들이 이것을 이길 수 없을 것이다"
(마 16:18).

세상에는 수많은 지옥의 문들이 있습니다. 우리가 세상의 욕망대로 계속 가면 거기에 지옥이 있습니다. 거짓으로 계속 가면 거기에 지옥이 있습니다. 타락한 세상을 향한 길도 마찬가지입니다. 그 길로 계속 가면 거기에도 지옥이 있습니다. 가장 강력한 지옥의 문은 바로 죽음입니다. 그러나 예수님은 이 죽음의 문을 이기셨습니다. 그리스도의 십자가는 음부의 권세를 깨뜨리셨습니다. 바로 그리스도의 십자가가 우리에게 하늘나라의 문을 여는 열쇠가 된다는 것입니다.

세상의 어떤 권세도 우리를 무너뜨릴 수 없는 것은, 바로 그리스도의 십자가가 하늘나라의 문을 여는 열쇠이기 때문입니다. 그리스도의 십자가를 우리의 믿음 생활에서 뺀다면 우리는 하늘나라의 열쇠를 잃어버리는 것입니다. 십자가 없는 교회, 십자가 없는 믿음의 생활은 바로 하늘나라의 문이 닫히는 것입니다. 그래서 예수님은 이어서 이런 말씀을 주신 것입니다.

"그때에 예수께서 제자들에게 말씀하셨습니다. '누구든지 나를 따르려거든 자기를 부인하고 자기 십자가를 지고 따라야 한다'"(마 16:24).

그리스도의 십자가만이 아니라 이제 우리 자신의 십자가, 그리스도와 함께 죽고 그리스도와 함께 다시 사는 것을 경험하는 그런 십자가의 길을 걸어가야 합니다. 그리스도의 십자가를 우리의 삶 속에서 제외시켜 버리지 말아야 합니다. 참된 교회는 십자가를 지고 그리스도를 따르는 교회입니다. 십자가를 지는 만큼 하늘나라의 문이 열릴 것입니다. 예수님은 그것을 말씀하셨습니다.

예수 그리스도의 임재하심

세 번째 하늘나라의 열쇠는 바로 그리스도의 임재하심입니다.

"내가 네게 하늘나라의 열쇠를 줄 것이다. 무엇이든 네가 땅에서 매면 하늘에서도 매일 것이요, 네가 땅에서 풀면 하늘에서도 풀릴 것이다"

(마 16:19).

교회는 이 땅에서 매고 푸는 권세가 있습니다. 이 땅에서 매면 하늘에서도 매이고, 땅에서 풀면 하늘에서도 풀린다는 것입니다. 이는 놀라운 권세입니다. 그렇다면 무엇을 매고 푸는 것일까요? 역사적으로 참 많은 해석들이 있었습니다. 어떤 사람들은 성경 해석의 권리라고 말합니다. 이는 로마가톨릭의 해석입니다. 어떤 사람들은 교회 조직에 속하느냐 속하지 않느냐가 바로 하늘나라에 들어가느냐 못 들어가느냐를 결정짓는다고 말합니다. 그런가 하면 어떤 사람들은 교회의 권징, 곧 교회가 악을 행하는 사람을 권고하는데도 진정 돌이키지 않으면 하나님이 그들을 하나님 나라에서 제외시킬 것이라고 해석합니다.

그런데 마태복음 18장을 보십시오. 예수님은 거기에서 교회에 대한 두 가지 말씀을 다시 주십니다. 비슷한 말씀을 주시되 또 다른 가르침을 더해 주십니다.

"내가 진실로 너희에게 말한다. 무엇이든 너희가 땅에서 매면 하늘에서도 매일 것이요, 무엇이든 너희가 땅에서 풀면 하늘에서도 풀릴 것이다. 다시 내가 진실로 너희에게 말한다. 너희 가운데 두 사람이 땅에서 어떤 일이든지 마음을 모아 간구하면 하늘에 계신 내 아버지께서 그들에게 이루어 주실 것이다. 두세 사람이 내 이름으로 모이는 곳에는 나도 그들 가운데 있다"(마 18:18-20).

교회의 매고 푸는 권세 이후에 말씀하신 것은, 땅에서 두세 사람이 함께 기도하고 간구하면 예수님이 그들 가운데 함께 계시겠다는 것입니다. 바꿔 말하면, 이 매고 푸는 권세는 기도를 통해서 우리에게 주시는 그리스도의 임재하심입니다. 어떤 문제의 해결보다 더 중요한 것은, 두세 사람이 예수님의 이름으로 함께 기도하는 자리에 그리스도가 임재하신다는 것입니다. 그리스도가 임재하시는 그 자체가 하늘나라의 문이 열린 것입니다. 이 땅에서 우리는 하늘나라에서의 삶을 어떻게 경험합니까? 그것은 살아 계신 하나님의 아들, 부활하신 그리스도가 우리 안에 임재하실 때 경험되어집니다. 교회가 하늘나라의 열쇠로 쓰임 받는다는 것은, 두세 사람이 함께 모여 그리스도의 임재하심을 체험할 때 그것이 바로 하늘나라의 문이 열리는 열쇠가 된다는 것입니다. 고(故) 하용조 목사님은 이 매고 푸는 것에 대해 용서와 전도 같은 능력이 교회를 통해 나타나는 것이라고 말씀하셨습니다. 이것도 같은 맥락입니다. 그리스도가 임재하시면 용서할 수 없었던 문제가 용서됩니다. 믿지 않았던 영혼이 믿게 됩니다. 우리가 복음을 잘 설명해서 믿는 것이라고 생각해서는 안 됩니다. 그리스도가 임재하셔서 우리를 통해 나타나실 때 그 영혼이 믿게 되는 것입니다.

두세 사람이 함께 그리스도의 이름으로 모여 기도하는 것, 이것이 바로 교회가 가진 하늘나라의 열쇠입니다. 우리는 함께 모여 기도하는 것을 소중하게 생각해야 합니다. 그 자리가 바로 하늘나라의 문이 열리는 순간입니다. 두세 사람이 모여서 기도해도 그리스도가 임재하신다고 약속하셨으니, 하늘나라의 문을 열고 닫고 맺고 푸는 역사를 허락하셨으니 얼마나 놀라운 권세입니까.

하나님 나라가 천국인 것은 그리스도가 계시기 때문입니다. 그분의 임재가 있는 곳이 바로 하나님 나라입니다. 우리는 교회에게 주신 이 놀라운 권세를 누릴 수 있어야 합니다. 교회의 주인은 사람이 아니라 예수님이십니다. 예수님이 주인 되신 교회는 음부의 권세가 무너뜨릴 수 없습니다. 땅에서도 매고 푸는 권세가 있습니다. 이 땅에서 하늘의 역사에 참여하는 권세가 있습니다.

세상의 어떤 권세도 우리를 무너뜨릴 수 없는 것은,

바로 그리스도의 십자가가

하늘나라의 문을 여는 열쇠이기 때문입니다.

"종들이여, 육신의 주인에게 모든 일에 순종하십시오. 사람을 기쁘게 하는 사람들처럼 눈가림만 하지 말고 주를 경외함으로 진실한 마음으로 하십시오. 무슨 일을 하든지 사람에게 하듯 하지 말고 주께 하듯 마음을 다해 하십시오. 이는 여러분이 주께 유업의 상을 받을 줄을 알기 때문입니다. 여러분이 섬기는 분은 주 그리스도십니다. 불의를 행하는 사람은 자기 행위의 대가를 받을 것입니다. 거기에는 외모로 사람을 차별하는 일이 없습니다. 주인들이여, 의와 공평으로 종들을 대하십시오. 여러분에게도 하늘에 주인이 계시다는 것을 아시기 바랍니다"(골 3:22-4:1).

15.
일터와 하나님 나라

-
일상을
예배로
드리는
삶

우리는 일상적인 일을 통해
하나님을 예배하도록 창조되었습니다.

성도들이 자주 사용하는 언어 습관 중에 이런 표현이 있습니다. '주
일에는 하나님에게 예배를 잘 드리고 월요일부터는 세상으로 일하
러 간다.' 무슨 의미인지는 명확하지만 성경적으로는 틀린 표현입니
다. 왜냐하면 일과 예배를 둘로 나누는 이원론적인 세계관에서 나온
표현이기 때문입니다. 창세기 2장 15절은 "여호와 하나님께서 그 사
람을 데려다가 에덴동산에 두셔서 동산을 일구고 지키게 하셨습니
다"라고 말씀합니다. 여기서 '일구다' 혹은 '경작하다'라는 말은 히
브리어로 '아바드'인데, 이 단어에서 '일'이라는 단어가 나왔습니다.
이 '아바드'라는 단어는 구약에서 다양하게 번역되었는데, 일, 섬김,
혹은 예배라는 단어로도 번역되었습니다.

구약성경에서 일과 예배를 한 단어로 사용하는 것은 서로 연관성이 있다는 것입니다. 뗄 수 없다는 것입니다. 서로 연결되어 있음을 보여 주는 것입니다. 일은 타락의 결과가 아니라 하나님의 창조 계획의 일부입니다. 하나님은 사람을 일꾼으로 창조하셨습니다. 일은 하나님이 창조하신 최초의 낙원의 일부였습니다. 일은 하나님의 축복의 일부입니다. 인간은 일을 통해 축복을 경험하고, 일을 통해 하나님을 섬기고, 일을 통해 하나님을 예배하도록 창조되었습니다. 인간은 일의 유전자를 가지고 창조되었다는 것입니다. 인간은 살기 위해 일하는 존재가 아니라 일하기 위해 살아가야 하는 존재인 것입니다. 하나님의 창조 계획에 따르면, 일과 쉼을 반복하면서 살아가는 것입니다.

창세기에 나타난 하나님은 어떤 하나님이십니까? 천지를 창조하신 하나님입니다. 그 자체가 일하시는 하나님이라는 뜻입니다. 일 없이 놀기만 하는 소위 무위도식하시는 하나님이 아니라는 것입니다. 또한 이 세상을 무위도식하는 곳으로 창조하지도 않으셨습니다. 교회 역사에 따른 그림을 보면 그 시대의 세계관이 등장합니다. 어느 시대의 천사 그림을 보면 천사들이 한결같이 포동포동 살이 쪘습니다. 천사를 왜 그렇게 그렸을까요? 천국에는 일이 없어 천사들이 놀기만 한다고 생각했기 때문입니다. 우리가 가는 천국을 바로 그런 곳이라고 생각한 것입니다. 이는 천국에 대한 잘못된 개념입니다. 오히려 정반대입니다. 잠언은 지옥을 가리켜 일도 없고 계획도 없는 곳이라고 말씀합니다. 천국은 일이 없는 곳이 아닙니다. 하나님의 일이 그분의 계획대로 온전히 이루어지는 곳이 천국입니다. 하나님이 창조하신 세상을 인간에게 맡기신 것은 일이 인간의 존재에 매우 중요한 부분이라는 것을 말씀하는 것입니다.

일상의 일이 예배가 되게 하라

일은 하나님을 예배하는 통로요, 도구입니다. 그래서 우리는 주일에는 예배드리고 월요일부터는 세상일을 하러 나가는 것이 아니라, 주일에는 일을 멈추고 안식 가운데 하나님을 예배한 후 월요일부터는 일을 통해서 하나님에게 예배드리러 세상에 나오는 것입니다. 이것이 올바른 관점입니다.

세 명의 석공 이야기가 있습니다. 이들은 모두 아름다운 예배당을 짓는 공사 현장에 있었습니다. 공사 중 한 방문객이 첫 번째 석공에게 질문했습니다.

"당신은 지금 무슨 일을 하고 있습니까?"

그러자 그는 얼굴을 찌푸리면서 말했습니다.

"보면 모릅니까? 나는 지금 돌을 깎고 있습니다."

두 번째 석공에게 물었습니다.

"당신은 지금 무슨 일을 하고 있습니까?"

그러자 대답이 돌아왔습니다.

"나는 지금 가족의 생계를 유지하기 위해서 일하고 있습니다. 먹고사는 문제만 해결되면 이 일은 하고 싶지 않습니다."

방문객은 세 번째 석공에게 물었습니다.

"당신은 지금 무슨 일을 하고 있습니까?"

그러자 그는 대답했습니다.

"나는 하나님에게 예배드리는 거룩한 예배당 짓는 일을 통해 하나님을 섬기고 있습니다."

얼마나 다른 시각입니까?

C. S. 루이스와 동시대를 살면서 기독교적 지성을 일깨운 도로시 세이어즈(Dorothy Sayers)는 그의 책《기독교 교리를 다시 생각한다》(한국기독학생회출판부 역간)라는 책의 '왜 일하는가'라는 제목의 장에서 주일의 신앙과 월요일부터의 일을 연결하는 것에 성도들이 실패하는 것을 지적하면서 이렇게 권면합니다.

"교회는 다음 사실을 기억해야 한다. 모든 일꾼은 그의 직업 밖이 아니라 그 안에서 하나님을 섬기도록 부름을 받았다는 것이다. 진정한 기독교적인 일은 훌륭하게 일을 수행하는 것이다. 교회는 목수에게 도덕적 교훈과 교회 출석을 언급하는 데 그쳐서는 안 된다. 그의 신앙이 그에게 요구하는 첫 번째 사항은 좋은 식탁을 만들어야 한다는 것이다."

그리스도인 목수가 만든 식탁이 얼마 못 가서 금방 부서지는 부실

한 식탁이라면 그는 일을 통해 하나님에게 올바른 예배를 드리지 못한 것입니다. 예배 시간에 맞추느라 대충 자신의 일을 마무리하고 떠나는 것이 신앙이 아니라, 자신에게 맡겨진 일을 성실하고 훌륭하게 수행하는 것, 기업을 경영하는 사람은 자신의 기업을 법에 따라서 올바로 잘 경영하는 그 자체가 하나님을 예배하는 것임을 기억해야 합니다. 우리는 이렇게 일과 예배에 관한 우리의 시각을 바꿀 수 있어야 합니다. 우리는 일상적인 일을 통해 하나님을 예배하도록 창조되었습니다. 일을 통해 하나님을 참되게 예배하는 것이 일을 참되게 수행하는 것입니다.

그러나 일터에서 일을 통해 하나님을 예배한다는 것이 말처럼 그리 쉽지만은 않습니다. 당연합니다. 성경은 일이 타락의 결과는 아니지만 일 자체가 타락의 영향을 크게 받았다고 말씀하기 때문입니다. 일을 통해 예배를 받으시는 하나님의 계획이 손상되었습니다. 우리는 깨어진 질서 속에서 살아가고 있습니다. 인간의 죄는 일을 축복의 일부가 아니라 저주의 일부로 만든 것입니다. 땅은 인간의 죄로 말미암아 가시덤불과 엉겅퀴를 내게 되었고, 인간은 죽음에 이르는 노동을 해야 먹을 수 있게 되었으며, 그로 인해 일은 짐과 멍에가 되었습니다.

일이 고통스러워진 이유는 무엇인가

우리가 일하는 일터는 고통스러울 만큼 죄의 영향력이 가득합니다. 치열한 생존 경쟁의 터전입니다. 끊임없는 중상모략이 난무합니다. 더 높이 올라가기 위해서 다른 누군가를 끌어내려야 하는가 하면, 구조조정의 위협 속에서 하루아침에 일자리를 잃기도 합니다. 아무리 열심히 일해도 필요한 소득을 얻기가 어려울 수도 있습니다. 이런 일의 고통 속에 있는 사람들에게는 전도서에 있는 말씀이 큰 위로와 공감이 됩니다.

> "그래서 나는 사는 것이 싫어졌다. 해 아래 이루어진 모든 일이 내게는 괴로움이었기 때문이다. 그 모든 것이 허무하고 뜬구름 잡는 일이었다. 나는 내가 해 아래에서 그토록 노력해서 얻은 모든 것이 싫었다. 나도 내 뒤를 이을 사람에게 이것들을 남겨 주어야 하기 때문이다 … 사람이 그토록 애쓰고 해 아래에서 마음이 쓰리기까지 노력해 얻는 것이 과연 무엇인가? 그 인생은 내내 고달프고 뼈를 깎는 고통이다. 밤에도 그 마음이 쉬지 못하니 이것도 역시 허무하구나"(전 2:17-18, 22-23).

그러나 이 말씀은 여기서 위로와 공감을 얻고 그 자리에 머무르라고 주신 말씀이 아닙니다. '왜 이런 허무감이 찾아올까?' '일을 하면 할수록 왜 사람이 더 허무해지고 바람을 잡으려는 것과 같다고 여기게 될까?' 하는 그 원인을 찾으라고 주신 말씀입니다. 그렇다면 수많은 사람들이 일의 괴로움과 허무를 경험하게 되는 이유는 무엇일까요? 그 원인은 두 가지로 정리됩니다.

일이 곧 우상

첫째는, 일이 우상이 되었기 때문입니다. 하나님이 아닌 일을 통한 성취나 성공이 예배의 대상, 곧 우상이 되어 버렸기 때문입니다. 전도서 기자는 2장에서 허무의 고백을 하기 전에 무엇을 시도했습니까? 그는 많은 일을 통해 자신의 만족을 추구했습니다. 자신에게 주어진 지혜, 권력, 재물을 가지고 자신이 할 수 있는 모든 일을 추구했습니다. 일을 통해 행복을 추구하고, 일을 통해 만족을 추구하고, 일의 성취감을 통해 자신의 의무와 삶의 의미를 찾으려고 했던 것입니다. 결국 일 자체가 우상이 되었던 것입니다.

분명한 진리는, 일에서 궁극적인 만족을 얻으려 할 때 반드시 이 고백이 나온다는 것입니다. 언젠가는 '모든 것이 헛되다, 바람을 잡으려는 것과 같이 되어 버렸다, 일을 통해 만족을 얻는 것은 불가능한 일이다'라고 고백하게 된다는 것입니다. 그저 더 많은 일을 추구하게 될 뿐입니다. 일이 끔찍한 우상이 되어 버렸습니다. 일은 우리에게 결코 만족을 줄 수 없습니다. 왜입니까? 더 큰 갈망을 불러일으키기 때문입니다. 또 일을 통해 세상에 영향을 미치겠다는 자체가 목적이 될 때 그 일은 우상이 되어 버리는 것입니다.

일이 우상이 되어서는 안 됩니다. 우리는 일을 통해 하나님을 예배하도록 창조되었습니다. 그래서 우리는 하나님이 허락하시고 하나님이 인도하시는 일을 해야 합니다. 우리는 적절한 쉼, 적절한 멈춤, 일을 내려놓고 하나님을 예배하는 시간이 있어야 일을 통해 예배드리는 것에 실패하지 않을 수 있습니다. 정기적으로 하나님에게 예배드리는 시간, 하던 일을 멈추고 하나님 앞에 경건하게 예배드리는 시간이 없으면 일의 방향과 목적과 의미를 잃어버리고 그것을 우상으로 여기게 되는 것입니다. 그래서 우리는 함께 모여 예배드리는 것입니다.

일에 게으르고 나태함

둘째는, 일에 게으르고 나태하기 때문입니다. 이것은 일 자체를 거부하고 일하기를 싫어하는 것, 다시 말해, 일이 아니라 노는 것 자체가 우상이 되어 버렸기 때문입니다. 이를 과소평가해서 마지못해 어쩔 수 없이 하는 일이 되는 것입니다. 이러한 상태가 지속되면 교만과 잘못된 특권의식에 빠지게 됩니다. 따라서 경제적으로 여유가 있더라도 하나님을 섬기는 일은 반드시 있어야 합니다. 어떤 일이든, 자원봉사든지 섬기는 일로 하나님에게 예배를 드리지 않으면 우리는 천국에 대한 잘못된 환상에 빠지게 됩니다. 사도 바울은 데살로니가 교인들에게 이렇게 권면합니다.

"우리가 여러분에게 명한 것같이 조용한 삶을 살며 자신의 일을 행하며 여러분의 손으로 일하기를 힘쓰라는 것입니다"(살전 4:11).

경제적으로 여유가 생기면 생길수록 하나님 섬기는 일을 반드시 찾지 않으면 우리는 잘못된 일의 또 다른 측면에 빠지게 됩니다.

일터에서 하나님 나라를 경험하라

복음은 일에 대한 우리의 기도를 바꿉니다. 복음은 우리의 영혼을 구원할 뿐만 아니라 우리가 이 땅에서 어떻게 일할 것인가에 대한 태도를 변화시킵니다. '그리스도 안에 있으면 새로운 피조물'이라는 것은 무슨 말입니까? 하나님의 창조의 목적, 곧 일을 통해 예배 받으시려는 그 목적이 회복되는 것입니다. 십자가로 구원받고 믿음으로 성령 안에서, 그리스도 안에서 살아가는 영혼은 반드시 일을 통해 하나님을 예배합니다. 일이 우상이 되지도 않고, 여가가 우상이 되지도 않습니다. 십자가로 구속받은 그리스도인은 삶의 목표가 그리스도이기 때문에, 그리스도를 위해 살아가기 때문에 일의 노예가 되지도, 여가의 노예가 되지도 않습니다. 일을 통해 나의 정체성을 확인하려 하지도 않습니다. 일이 성공했을 때나 실패했을 때나 우리는 늘 그리스도 안에서 굳건히 서 있을 수 있습니다.

본문은 골로새 교인들에게 주는 교훈으로, 일터에서 우리가 그리스도인으로서 어떻게 하나님 나라를 경험할 수 있는가를 설명해 주는 말씀입니다.

"종들이여, 육신의 주인에게 모든 일에 순종하십시오. 사람을 기쁘게 하는 사람들처럼 눈가림만 하지 말고 주를 경외함으로 진실한 마음으로 하십시오. 무슨 일을 하든지 사람에게 하듯 하지 말고 주께 하듯 마음을 다해 하십시오. 이는 여러분이 주께 유업의 상을 받을 줄을 알기 때문입니다. 여러분이 섬기는 분은 주 그리스도십니다"(골 3:22-24).

이는 노예 제도를 합리화하거나 지지하는 말씀이 아닙니다. 어느 시대건, 우리는 무슨 일을 하든지 사람의 눈에 보이기 위해서가 아니라 주를 경외함으로 일하는 일꾼이 되어야 한다는 것입니다. 어떤 일을 하든지 주님 앞에서 진실하고 성실하게 일하는 것이 곧 하나님을 예배하는 것이 된다는 것입니다. 쉽게 말해 무엇입니까? 일이 곧 예배라는 것입니다. 구절마다 반복되는 말씀을 보십시오. '무슨 일이든지 그리스도를 위해 일하라.' 보이는 사람을 위해서, 그 주인을 위해서, 내 위에 있는 상관을 위해서 일한다 생각하지 말고 그리스도를 위해서 일한다고 생각해야 한다는 것입니다.

'주를 경외함으로 진실한 마음으로 일하는 사람'은 세상의 성공의 기준에서 자유롭습니다. 그리스도를 위해서 일하는 사람의 성공 기준은 진실함과 성실함 그 자체이기 때문입니다. 비교할 필요가 없기에 다른 사람과 비교하지 않습니다. 무슨 일을 하든지 우리의 왕 되신 주님이 보고 계시기에 성실한 마음으로 하는 것입니다. 때문에 결과로 성공을 평가하는 것에서 자유롭습니다. 결과는 우리의 손에서 이루어지는 것이 아니라 하나님의 손에 달려 있기 때문입니다.

일을 통해 큰돈을 벌 수도 있고 큰돈을 잃을 수도 있습니다. 세상에서 큰 영향을 미칠 수도 있고 아무도 주목하지 않을 수도 있습니다. 하지만 그것이 성공과 실패의 기준은 아닙니다. 하나님은 부정한 성공보다 신실한 실패를 더 기뻐하십니다. 우리의 성공은 주님 앞에 섰을 때 '주님, 저는 주님이 보내신 곳에서 바로 그 일을 통해 진실하게, 성실하게, 정직하게 최선을 다해 주님을 섬겼습니다'라는 고백을 올려드릴 수 있는 것입니다. 저는 이것이 하나님 앞에서 우리의 성공이라고 믿습니다.

골로새서 4장 1절의 말씀은 특별히 권위자, 곧 리더의 자리에 있는 사람들에게 주시는 말씀입니다.

"주인들이여, 의와 공평으로 종들을 대하십시오. 여러분에게도 하늘에 주인이 계시다는 것을 아시기 바랍니다."

의와 공평으로 함께 일하는 동료들을 대하는 것, 이것이 바로 일터에서 드리는 예배라는 것입니다. 권위자로서 함께 일하는 직원 및 동료들을 대하는 태도가 곧 하나님에게 드리는 예배입니다. 일을 지시하고 감독하는 그 태도가 하나님에게 드리는 예배임을 기억해야 합니다. 진정한 권위의 주인 되신 하나님 앞에서 그 주인 되신 분이 주신 권위를 다른 사람을 섬기는 데 사용하는 것은 매우 중요합니다. 우리에게 주어진 권위는 우리 것이 아니라 하나님의 권위이기 때문입니다. 그래서 단지 임금을 공정하게 지불하는 것으로 할 일을 다 했다고 생각하지 말아야 합니다. 직원들을 하나님 앞에서 의와 공평으로 대해야 하는 것입니다. 이것이 바로 일을 통해 하나님을 예배하는 시각입니다. 우리의 모든 일상의 일들은 하나님에게 드리는 예배가 되어야 합니다. 주일이든 월요일이든 일과 예배를 구별해서는 안 됩니다.

세상으로 나아가라

우리가 함께 모이는 교회는 구명보트가 아니라 방주가 되어야 됩니다. 구명보트 바깥은 죽음입니다. 그렇기 때문에 반드시 올라타야 합니다. 하나님은 홍수 때에 노아와 그 가족을 구명보트가 아닌 방주에 태우셨습니다. 이유가 무엇입니까? 방주에 올라탄 그들을 홍

수 이후의 세상으로 보내시기 위함입니다.

방주에 올라탔다는 것은 세상을 버리고 포기하기 위함이 아닌, 다시 세상으로 나아가기 위함입니다. 우리는 구명보트에 올라탄 것이 아닙니다. 교회가 구명보트가 되면 세상을 포기하게 됩니다. 세상의 일은 다 악하고 하나님과 상관없는 것이라 여기게 됩니다. 우리는 방주에 올라탄 자임을 기억해야 합니다. 그래서 세상의 일을 통해 하나님 나라가 이루어지도록 우리는 그 땅에서 승리해야 합니다.

일터는 우리가 포기할 수 없는 영적 전쟁터입니다. 세상의 일을 통해 하나님을 예배하는 이 사명에서 우리는 모두 승리해야 합니다.

"무슨 일을 하든지 사람에게 하듯 하지 말고 주께 하듯 마음을 다해 하십시오"(골 3:23).

이것이 바로 일터에서 하나님 나라를 이루어 가는 비결입니다. 그것이 불의한 일이 아니라면, 우리는 무슨 일을 하든지 주께 하듯 주님을 섬기는 예배자로 하루하루를 살아가야 할 것입니다.

나의 나라에서 하나님 나라로